新潮新書

鈴木敏夫
SUZUKI Toshio

ジブリの仲間たち

674

新潮社

構成／柳橋　閑

はじめに

これまで自分の仕事を振り返ることには、ほとんど興味がありませんでした。いつも目の前の作品をどうやって完成させるか、次の企画をどうするか、未来のことだけを考えて、無我夢中で進んできたからです。

ただ、ジブリも設立から30年がたち、気がつけば劇場公開作品は23本を数えるまでになりました。宮崎駿の長編からの引退と、制作部門の休止という区切りもあり、２０１５年には、「ジブリの大博覧会～ナウシカからマーニーまで～」と題する回顧展を開くことになりました。その展示内容を考えているとき、ふと「自分のやってきた仕事をそろそろまとめてみようか」と思ったのです。

映画がヒットするには、３つの要素が必要です。まずは「制作」。内容がおもしろくなければ話になりません。「配給・興行」も大切です。いい映画館を用意できなければ、観客数は伸びません。その間をつなぐのが「宣伝・広告」の仕事です。作品のおもしろさをお客さんに伝え、映画館に足を運んでもらう。これがなかなか難しいのです。

僕が関わり始めた１９８０年代、映画産業はすでに斜陽化し、放っておいてもお客さんが来るという時代は終わっていました。いかにして作品を世の中に伝えるか？　あの手この手を考え、たえず手法を工夫することが必要になっていました。

ある意味では、この30年は大衆消費社会が、行き着くところまで行く過程だったのかもしれません。そこでは広告が大きな役割を果たしました。

ところが、気がつけばモノが売れない時代になり、映画業界に限らず、あらゆる業界が苦戦しています。デフレや不況のせいばかりじゃない。大きな時代の変化が訪れているんだと思います。

何を作り、どう宣伝すればいいのか。確たる答えを持っている人はまだいないんじゃないでしょうか。そんな中、もしかしたら、僕らが「映画を売る」ためにやってきたことは、何かのヒントになるかもしれない。そう思ったことも、筆をとるきっかけになりました。

ヒットとは何か。映画とは何か。ジブリの作品は観客の心に何を残し、社会にどんな影響を与えたのか。この30年とはどんな時代だったのか。そして、僕のやってきた仕事にはどんな意味があったのか――。

まずは、実質的なジブリのスタートになった『風の谷のナウシカ』の話から始めたいと思います。

ジブリの仲間たち——目次

はじめに　3

第1章
作ることにしか興味がなかった僕が宣伝を始めるまで　11
『風の谷のナウシカ』（1984）
『天空の城ラピュタ』（1986）
『となりのトトロ』（1988）
『火垂るの墓』（1988）
『魔女の宅急便』（1989）

〝徳さん〟との出会いと、高畑さんの教え／気がつけばメディアミックスを始めていた／「ラピュタジュース」で考えたタイアップの問題点／配給会社が変われば、宣伝も変わる／ヤマト運輸とのタイアップから始まった『魔女の宅急便』／日本テレビの出資と宣伝大作戦／コピーをめぐる徳さんとの対立　ほか

第2章
映画宣伝を変えたタイアップ時代の到来　43

新生ジブリのスタート／まず映画の成功ありき——タイアップの基本方針／映画宣伝6つの手

『おもひでぽろぽろ』（1991）
『紅の豚』（1992）
『平成狸合戦ぽんぽこ』（1994）
『耳をすませば』（1995）

段／後々まで関係者の語り種になったヒット／JALとのタイアップから始まった『紅の豚』／「カッコイイとは、こういうことさ。」／JAの力を知った『平成狸合戦ぽんぽこ』／『耳をすませば』が大ヒットと言われた理由　ほか

第3章
空前のヒット作はこうして生まれた
『もののけ姫』（1997）　75

関係者から反対された企画／熱海合宿と、「宣伝費＝配給収入」の法則／難産だった「生きろ。」というコピー／6時間40分のメイキング映像と4分15秒のプロモーションビデオ／『もののけ姫』を〝映画界の野茂〟にする／宣伝総力戦、自ら矢面に立つ／映画がフィロソフィーを語る時代　ほか

【東宝宣伝プロデューサーの視点①　矢部勝】　111

第4章
時代との格闘 117
『ホーホケキョ となりの山田くん』（1999）
『千と千尋の神隠し』（2001）

【東宝宣伝プロデューサーの視点② 市川南】 156

第5章
汗まみれ宣伝論 163
『猫の恩返し』（2002）
『ハウルの動く城』（2004）
『ゲド戦記』（2006）

観客が減ることも覚悟してやったパロディ／徳間グループの総会で述べた「敗戦の弁」／あえて部数を落とした「アニメージュ」の経験／もう一度ヒットさせたら宮さんがおかしくなってしまう／2倍の宣伝×2倍の劇場／コンビニの店頭がメディアになった時代／映画のテーマは「貧乏」から「心」の問題へ　ほか

宣伝とは仲間を増やすこと／「一生に一度くらい額に汗して働け」／想定外の事態に苦戦した『イノセンス』／宣伝しない宣伝／タイアップの決め手は三ツ矢サイダーの味!?／1万GRPをめざせ／シネコン時代の劇場宣伝

『崖の上のポニョ』(2008)
『借りぐらしのアリエッティ』(2010)
『コクリコ坂から』(2011)
/予告編の復権とリピーターの時代/デジタル×アナログのバランス/川上量生さんを〝プロデューサー見習い〟に　ほか

【東宝宣伝プロデューサーの視点③　伊勢伸平】　240

第6章
ヒットの功罪　245
『風立ちぬ』(2013)
『かぐや姫の物語』(2013)
『思い出のマーニー』(2014)
宮崎駿×高畑勲、25年ぶりの同時公開!?/ユーミンへの公開オファー/時代に追いつかれて/宣伝手法の総決算/目的のためには手段を選ぶ/「姫の犯した罪と罰。」をめぐる葛藤/『かぐや姫』10の宣伝ポイント/〝作られたヒット〟を望まない監督/ヒットの小ぶり化と、大衆消費社会の終焉/新しい時代の風　ほか

あとがき　289

木々を愛《め》で
虫と語り
風をまねく鳥の人……
風の谷のナウシカ

第1章 作ることにしか興味がなかった僕が宣伝を始めるまで

『風の谷のナウシカ』（1984）
『天空の城ラピュタ』（1986）
『となりのトトロ』（1988）
『火垂るの墓』（1988）
『魔女の宅急便』（1989）

〝徳さん〟との出会いと、高畑さんの教え

ジブリの映画というと、テレビ、新聞、雑誌その他、大々的な宣伝が展開され、何百万人もが映画館に殺到するお祭り騒ぎを連想する人もいるかもしれません。でも、意識的に大規模な宣伝をするようになったのは、じつはだいぶ後の話。

最初のころ、僕は宣伝というものにまったく興味がありませんでした。徳間書店の雑誌「アニメージュ」の編集者をしながら、二足のわらじで『風の谷のナウシカ』（1984年／宮崎駿監督）の制作を始めたとき、僕が考えていたのは、ともかく映画を完成させること。それだけです。もちろんお客さんには来てほしかったけど、宣伝して、映画をヒットさせる、興行成績をあげるというのは二義的なこと。映画会社や広告代理店など、誰か別の人がやってくれることだと思っていました。

しかも、『ナウシカ』のときは、映画制作のすべてが初めての経験です。プロデュー

サーを務めてくれた高畑勲さんの下で、予算やスケジュールの管理の仕方を一から学んでいきました。宮さん（宮崎駿）は朝から深夜まで獅子奮迅の働きぶりを見せていましたが、それでもスケジュールは遅れていく。最後は「ほんとに公開に間に合うのか？」というところまで追い込まれて、宣伝のことを考えるどころじゃありません。

そんなとき、宣伝の計画立案から、ポスターなど宣材物の制作、いろんなメディアへのパブリシティ展開まで、中心になって動いてくれたのが、〝徳さん〟こと徳山雅也さんでした。徳さんは、「メイジャー」という映画の前売り券の販売やプロモーションを行う会社の宣伝プロデューサー。『さらば宇宙戦艦ヤマト　愛の戦士たち』（１９７８年）、『銀河鉄道９９９』（１９７９年）などを大ヒットさせた仕掛け人で、映画業界では有名な人です。メイジャーはもともと東映とつながりが深く、『ナウシカ』も東映で配給することになっていたので、徳さんが関わることになったのです。

徳さんはそれまでの長い経験から、「アニメーション映画の宣伝というのはこうすればいいんだ」という確固たるやり方を持っていました。一方の僕は、宣伝には興味がないし、ノウハウも知らない。だから、徳さんが提案してくるものに対して、基本的には「そういうもんですか」という感じで素直に受け入れていました。

とはいえ、僕も編集者だから、やっぱりキャッチコピーについては自分なりに思うところがあったんですね。

「木々を愛《め》で虫と語り風をまねく鳥の人…」

そういうコピーを考えました。でも、徳さんはそれをすぐに否定するんです。

「ハイブローすぎる。そんなんじゃ、客は来ないよ」

そこで徳さんが考えたキャッチコピーが、「火の7日間が地球を変えた…」というもの。それはそれでいいなと思いました。

ところが、そのコピーで進んでいくと思っていた矢先、横やりが入るんです。

『ナウシカ』は徳間書店と博報堂が共同で製作するという、いまでいうところの製作委員会方式をとっていました。博報堂といえば、電通と並んで日本を代表する広告代理店です。「宣伝はうちの専門分野」ということで、別のコピーを提案してきました。

当時、博報堂で名コピーライターといわれていた方がいたんですけど、その人の案というのが、「人間はもういらないのか?」というものだった。率直にいって、ひどいコピーだと思いました。作品のテーマを曲解しています。僕は会議の席上、怒ってその案を突き返しました。

代案として徳さんが出してきたのが、「少女の愛が奇跡を呼んだ。」です。でも、〝愛〟や〝奇跡〟というのは手垢のついた言葉で、あんまりいいとは思えなかった。

しかも、コピーの問題と同時に、じつは、タイトルを変えようという動きも起きていました。徳さんは、「〝風の谷〟じゃ意味が分からない。お客さんを呼ぶには、『風の戦士ナウシカ』のほうがいい」と言い出した。東映もその案を強く押してきました。

要するに、作品の世界を伝えるというよりも、とにかく扇情的なタイトル、コピーを付けようという関係者が多かったんです。

それに対して、プロデューサーの高畑さんの基本姿勢は、「宣伝は配給会社や広告代理店に任せて、問題がないかどうかだけをチェックすればいい」というものでした。僕もそれを見習って、プロが出してくる宣伝案に対しては、消極的な姿勢でいた。ただ、「風の戦士」と「人間はもういらないのか?」は、作品の内容を考えると明らかに問題があります。そこで僕は高畑さんに相談しました。

「『人間はもういらないのか?』というコピーは間違いです。しかし、『少女の愛が奇跡を呼んだ。』は間違いではないでしょう」

それが高畑さんの答えでした。それを受けて、僕は徳さんや東映、博報堂と何度も話し合いを重ねることになります。けっこう長く揉めたんですけど、最終的にタイトルは原作どおり、コピーは「少女の愛が奇跡を呼んだ。」という妥協案に落ちつくことになりました。ただ、いろんなパターンのポスターや広告が作られたので、「火の7日間が地球を変えた…」「木々を愛《め》で虫と語り風をまねく鳥の人…」も、一部で使われました。

振り返ってみると、このとき僕は宣伝のあり方を二人の先生から学んでいたのかもしれません。高畑さんには「宣伝から映画を守る」ことを教わり、徳さんからは「映画を売るには、強引なやり方が必要なときもある」ということを学んだ。

その後、映画を宣伝していくにあたって、たえずその二つの考え方の間でせめぎ合いを感じていくことになります。

気がつけばメディアミックスを始めていた

いわゆる「映画宣伝」に対しては消極的な態度で臨んでいたものの、『ナウシカ』は自分たちの雑誌「アニメージュ」の連載から生まれた映画です。それを成功させたいという思いは強かったから、編集部でやれることはあらゆることをやりました。

まずは、原作を大判のコミックスにして出版しました。コミックスが売れれば、当然映画にも弾みがつくだろうということで、僕はあえて1巻あたりのページ数を薄くして、定価を330円と安く抑える作戦をとった。ところが、当初は7万部刷って5万部しか売れませんでした。

あるとき会議の席上で博報堂の人から、「原作はどれぐらい売れているんですか？」と聞かれたときは困りました。僕はつい「5……50万部です」と嘘をついてしまうんです。でも、嘘が実《まこと》になったどころか、映画が公開されると、コミックスはすさまじい勢いで売れ始め、最終的には全7巻で累計1550万部という大ベストセラーになります。

誌面では毎号、映画制作の状況をレポートし、宮さんがいろんな人と対談する連載も始めました。折り込みポスターも付けたし、ナウシカファンクラブというのも立ち上げた。

都営地下鉄の車内吊り広告を1カ月買い取って、「アニメージュ」の宣伝でジャックしたこともあります。といっても、当時の都営地下鉄の広告掲載料はすごく安くて、1カ月分が営団地下鉄銀座線の3日分と同じだったんですけどね。

ニッポン放送の「オールナイトニッポン」の中で30分の枠をもらって、公開前夜にラジオドラマを放送するなんていうこともやりました。物語の一部を声のドラマとして放送し、「続きは映画館で見てください」という趣向です。シナリオは編集部の同僚、亀山修が書きました。

じつは当時、博報堂には宮崎駿の弟、宮崎至朗さんが勤めていて、いろいろなプロモーション企画に一役買ってくれました。

そのひとつが「ナウシカイメージガール・コンテスト」。映画の公開に合わせてイメージガールを募集して、いろんなイベントに出てもらうというプランでした。グランプリに選ばれたのは、女優の安田成美さん。

彼女にはイメージソングも歌ってもらい、徳間ジャパンからレコードを発売しました。レコードのプロモーションで彼女がいろんなメディアに出ると、それが映画の宣伝にもつながる——メディアミックスの走りのようなことを、このときすでに始めていたんです。

音楽に関しては、久石譲さんによるイメージアルバム『鳥の人』を映画公開に先だって発売しています。これは音楽のイメージを固めていくために作られたもので、宣伝の意図はなかったんですけど、結果的にはプロモーションにも役立ったと思います。前の年からレコードやコミックスが店頭に並ぶことで、ファンの間では、「ナウシカが映画化されるんだ！」という気分が盛り上がりますからね。

バレンタインにちなんだ企画として、西武百貨店でナウシカチョコレートを販売するなんてこともやりました。パッケージにナウシカの絵を使って、たしかおまけにグッズも入れました。これはタイアップの走りといえるかもしれません。

それから、公開直前の1984年2月には全国キャンペーンと称して、札幌、名古屋、大阪、福岡を回り、3月3日には新宿で「ナウシカのひな祭り」というイベントもやりました。そうやって、3月11日の公開に向けて、お祭りの雰囲気を盛り上げていきました。

そういう意味では、その後にやっていくことになる宣伝手法の基礎のようなものは、小規模ではありますけど、このときにかなりやっているんですね。

公開初日の観客動員は2万人。新宿、渋谷、池袋などの封切り館では徹夜で行列するファンも出て、ニュースになりました。その二次興行の人気を受けて、夏休み、さらには冬休みにもアンコール上映が行われました。

そしてついには、朝日新聞の天声人語までもが『ナウシカ』のことを採り上げることになります。W・H・ハドソンの『緑の館』と対比しながら、現代の産業文明と自然破壊の問題を考えるという内容でした。最初のうち、僕の中にはヒットの実感というのがなかったんですけど、天声人語に採り上げられたとき、「この映画はもはやひとつの社会現象になっているんだな」と気づいたのです。

最終的な結果は、観客数が92万人。配給収入が7億4000万円。当時としては大ヒットで、関係者一同、大喜びでした。

ちなみに、配給収入というのは、映画館でお客さんが支払う入場料全体（＝興行収入）から、映画館の取り分を引いた配給会社（東映、東宝など）の収入のことを指します。そこからさらにプリント代、宣伝費、配給マージンなどを引いたものが、ジブリのような制作会社の収入になります。いまは興行収入でランキングが発表されていますが、当時は配給収入の数字が使われていました。ただ、配給収入には契約によってばらつきがあることと、海外では興行収入が基準になっていることもあって、2000年度から日本でも興行収入が使われるようになったのです。

「ラピュタジュース」で考えたタイアップの問題点

『ナウシカ』の成功のおかげで、次回作『天空の城ラピュタ』（1986年／宮崎駿監督）

の製作については、徳間書店内部ではすぐにゴーサインが出ました。ただ、社長の徳間康快《やすよし》というのは、人を驚かせるのが好きな人で、あれだけ博報堂に世話になっておきながら、「こんどは電通と組もう」と言い出した。僕としては、「それはいかがなものか」と思ったんですが、聞く耳を持ってくれません。

そこで、電通の人たちと付き合っていくことになるわけですけど、会ってみると、博報堂とはやっぱり社風がぜんぜん違うんですね。博報堂の人たちはどこかおっとりして品があるのに対して、電通の人は広告マンらしくガツガツしている。

そんな彼らが持ってきたのが、味の素、東芝とのタイアップの話でした。担当者は郡《こおり》進剛《しんごう》さん。徳間康快から気に入られ、『敦煌』（1988年）も担当することになる、やり手の広告マンです。

当時、タイアップという手法は、まだそれほど知られていませんでした。いろんな形がありますが、簡単にいうと、企業の商品に映画のキャラクターを使ったり、CMに映画のシーンを使ってもらうことで、映画を宣伝するという手法です。企業側には、映画というコンテンツを商品企画や自社のイメージアップに利用できるというメリットがあり、映画製作者側には、宣伝費をかけずにいろんな媒体で広告ができるというメリットがあります。話を聞いて、「なるほど、うまい仕組みを考えるもんだな」と感心しました。

このとき、具体的に持ち上がった企画は、味の素が出すジュースの新製品に『ラピュタ』を使うというものでした。その名もずばり「ライトフルーツソーダ天空の城ラピュタ」。パッケージにタイトルのロゴとキャラクターの絵を使い、CMや店頭のプロモーションで映画の映像を使うという話になりました。しかも、協賛金まで出してくれるといいます。

一見するといい話なんですが、僕としては、それはいくらなんでもやりすぎなんじゃないかという気がしました。そこで、また高畑さんに相談したところ、こんな答えが返ってきたのです。

「それだと、映画にもテレビのようなスポンサーが付くことになりますね」

テレビというのは、番組にスポンサー企業がついて、合間にCMを流します。その対価として、企業は番組制作に必要な費用を支払う。そのおかげで、我々視聴者はタダで番組が見られる。そういう仕組みですよね。

一方、映画というのは、観客が入場料を払って映画館で見るものです。その売り上げ

（興行収入）から、映画製作者は制作費を回収する。そういうモデルで長らく続いてきました。

でも、タイアップという形とはいえ、スポンサー企業を付けることになれば、映画がテレビ化することになる。

「そういうことをやってもいいんですか？」

高畑さんに問い返されて、僕もハタと気づきました。テレビはスポンサーにお金を出してもらっているがゆえに、番組内容について干渉を受けます。俗な言い方をすれば、金も出すが、口も出すというやつです。それに対して、映画の場合はお客さんが入らなければ赤字になるというリスクはあるものの、製作者が自分たちの好きなものを作れるという自由がある。そこにタイアップという名の商業主義を持ち込めば、自由が失われる危険性が出てくる――。

話が進む中で、電通はキャラクターや映像の使用について、細かな条件をリストアップした契約書を持ってきました。僕は高畑さんといっしょにそれを慎重に検討したんですが、結果的に高畑さんはその項目をほぼ全部否定するんです。オーケーしたのは、「天空の城ラピュタ」というロゴの使用のみ。キャラクターの絵や映像については、その都度、協議して決めるということになりました。

具体的にあがってきたパッケージ案に対しても、高畑さんは「これじゃ、ジュースが映画になったと言われますよ」という意見でした。そこでいろいろ調整して、商品パッケージに使う絵はイメージボードのラフスケッチに留めることになりました。CMも、映画の映像そのものではなく、外国人モデルが劇中に出てくる〝フラップター〟に乗って飛んでいるところを実写で撮影することになりました。

映画を守るために、高畑さんが徹底した線引きをしたことにも驚きましたけど、もうひとつびっくりしたことがあります。ジュースの新商品を出すとき、ひと夏の最低目標ラインは3000万本だと知ったことです。それだけ売るには、どれだけの宣伝と営業をしなければならないのか……想像しただけで気が遠くなります。逆にいえば、ジュースを通じて、3000万人の目に触れれば、映画にとっては大きな宣伝になります。このときの経験は、後にいろんな企業とタイアップしていく上で、いい勉強材料になりました。

糸井重里さんの名コピー「忘れものを、届けにきました。」

「宣伝」というものを最初に意識するきっかけを与えてくれたのは、高畑さんと徳さんでしたが、キャッチコピーのあり方について教えてくれた先生は、なんといっても糸井重里さんです。

糸井さんに初めてコピーをお願いしたのは、『となりのトトロ』（１９８８年／宮崎駿監督）と『火垂るの墓』（１９８８年／高畑勲監督）を作っていたときで、その後、長年にわたって付き合いが続いていくことになります。じつは僕と糸井さんは同い年。団塊の世代として、どこか共通する感覚を持っていたのも、よかったのかもしれません。

この２本の企画は、『トトロ』を徳間書店、『火垂るの墓』を新潮社が製作し、劇場では同時上映するというちょっと変わった態勢をとっていました。出資者は別々ですが、作る現場はどちらもスタジオジブリ。宮さんと高畑さんがスタッフを奪い合うのを調整しながら、「アニメージュ」の編集長としての仕事もまだ続けていましたから、目が回るほど忙しく、寝る暇もほとんどありませんでした。

制作を進める一方、２社の間でどう協力して宣伝をやっていくかという話になり、それぞれ担当者が集まって、たびたび会議を開きました。ところが、コピー案ひとつとっても、徳間は徳間の都合しか言わないし、新潮は新潮のことしか言わない。議論は平行線を辿るばかりで、なかなかまとまりませんでした。

そこで僕が考えたのが、「両者が納得するような有名なコピーライターを連れてきて任せてしまおう」という作戦でした。

当時、有名なコピーライターといえば、糸井重里さんをおいて他にいなかった。というより、門外漢の僕が唯一知っているコピーライターが糸井さんだったんです。糸井さんは、西武百貨店の「不思議、大好き。」や「おいしい生活。」などのキャッチコピーで有名になり、テレビに出たり、雑誌で連載を持ったりもしていました。しかも、新潮社から本を出していた。そういう人の言うことなら、みんな黙って言うことを聞くだろうと考えたわけです。

ある意味、不純な動機で依頼したわけですが、できあがってきたコピーは想像以上にすばらしかった。

『火垂るの墓』が「4歳と14歳で、生きようと思った。」

『となりのトトロ』が「このへんないきものは、まだ日本にいるのです。たぶん。」

さらに、2本をつなげるブリッジコピーが「忘れものを、届けにきました。」

プロの技というものを感じました。

　ただ、じつは『トトロ』の最初のコピーは、「このへんないきものは、もう日本にいないのです。たぶん。」だったんです。でも、宮さんが「いる」と言うので、いまの形になりました。

『火垂る』も、最初のコピー案は「これしかなかった。七輪ひとつに布団、蚊帳。それに妹と螢。」というものだったんです。僕はすごく気に入っていたんですが、新潮社のほうから「難しすぎる」という意見が出た。そこで糸井さんに作り直してもらったのが、「４歳と14歳」だったのです。

　いずれにしても、名コピーですよね。実際、これらのコピーが決まったことによって宣伝はうまくまわり始めます。

配給会社が変われば、宣伝も変わる

　コピーが固まったことで、おのずとポスターの絵柄も決まっていき、２作とも、黒い背景の中にキャラクターが浮かび上がるという印象的なものができました。僕らとしては、非常にいいものができたと感じていたんです。ところが、これが関係者からは不評だった。

じつは、『トトロ』『火垂る』では、配給会社がそれまでの東映から東宝に変わりました。徳間康快は最初、この2作も東映へ持ち込んだんですけど、「うちのカラーに合わない」ということで断られてしまい、急遽、東宝にお願いすることになったのです。

そこで僕らはできあがったポスターを東宝へ持っていったんですが、営業の責任者である西野文男さんから、「こんな暗いポスターで客が来るわけがないだろう!」と言われてしまった。やっぱり興行のプロと言われる人ほど、「あたる映画とはこういうものだ」という強い固定観念を持っているんです。

当時は僕もまだ若くて生意気でした。「そんなこと言ってるから、日本映画はダメなんじゃないですか」と言い返し、売り言葉に買い言葉でケンカになってしまいました。でも、本音をぶつけ合ううちに、だんだん信頼関係ができていって、後のジブリ映画のヒットにおいて、西野さんは大きな役割を果たしてくれることになります。

配給会社が変わったことは、宣伝の実務面にも大きく影響しました。それまでお願いしていたメイジャーは東映との関係が深いこともあって、ライバルである東宝が配給する映画には関われなかったのです。

それまではメイジャーと仕事をしていたから知らなかったんですけど、当時の映画の宣伝というのは、配給会社の宣伝部の担当者がひとりでやるケースがほとんどでした。『トトロ』『火垂る』も、東宝宣伝部の有正真一郎さんがひとりで担当することになりました。

それに対して、メイジャーの場合は、徳さんの下に10人ぐらいのスタッフがいるから、手分けして各メディアへ一斉にあたることができる。その差は大きかった。『ナウシカ』『ラピュタ』のときは、かなり恵まれた態勢で宣伝をしていたということに、そのとき初めて気づいたのです。次の『魔女の宅急便』では配給が再び東映に戻り、あらためてメイジャーの力を実感することになりました。

そういった宣伝面の問題もあって、『トトロ』と『火垂る』の第一次興行は、4週間で45万人とふるいませんでした。ただ、不幸中の幸いというべきか、ちょうどその後に公開されることになっていた高倉健さんの『海へ―See you―』という映画の制作が遅れて、『トトロ』『火垂る』を2週間延長して上映できることになったのです。そのおかげで、最終的な観客数は80万人まで伸びました。ただ、その年の映画賞を総なめにした作品の数字としては寂しいですよね。

それでも、当時の僕は公開できたことに幸せを感じていました。というのも、『トトロ』は徳間書店の内部でも反対されていた企画で、『火垂る』のほうは大幅に制作が遅れて、公開が危ぶまれる状況でした。じつをいうと、最初に上映されたバージョンは、色を塗る時間がなくて、〝白〟のままのシーンが残っていたんです（公開後も作業を続けて、最終的には完成版を仕上げました）。そんな状態だったので、何とか公開にこぎつけただけで充分に満足だったんです。そのころの僕にとっては、やっぱり作ることがすべて。宣伝し、ヒットさせるということは二の次でした。

ヤマト運輸とのタイアップから始まった『魔女の宅急便』

そもそも『魔女の宅急便』（１９８９年／宮崎駿監督）は、立ち上げの段階からヤマト運輸の出資ありきで始まった企画です。角野栄子さんが書いた児童文学『魔女の宅急便』に目をつけた広告代理店の関係者が、「クロネコヤマトの宅急便」とタイアップするというアイデアを思いつき、ジブリに企画が持ち込まれることになったのです。

制作を始めるにあたり、顔合わせで都築幹彦社長をはじめ、ヤマト運輸の幹部のみなさんがジブリにお見えになりました。そこで宮さんはこう宣言したのです。

「タイトルに宅急便とはついていますが、ヤマト運輸の社員教育のための映画を作るつもりはありません」

タイアップはするけれども、宅急便という仕事を宣伝する映画を作るわけじゃない。あくまで一般のお客さんのために娯楽映画を作るということです。高畑さん同様、宮さんも映画に商業主義が入り込むことには警戒感を持っていました。

ただ、都築社長は器の大きい方で、宮さんの考えを受け入れてくれました。じつは、都築社長は〝日本の喜劇王〟エノケンこと榎本健一さんの甥なんです。そういうこともあって映画に対して非常に理解のある方だった。おかげで内容的な制約を受けることなく、制作に入ることができたのです。

当初、僕はこのタイアップにさほど多くのことを期待していたわけじゃありません。ヤマト運輸が打つテレビスポットCMに『魔女の宅急便』の映像を使ってもらえば、いい宣伝になるだろう――その程度に考えていました。ところが、配給の東映サイドは、宣伝もさることながら、ヤマト運輸が持っている全国8000カ所の営業所を通じて、前売り券を販売することを期待していたんです。

しかし、ヤマト運輸側にそのつもりはありませんでした。そこで僕は東映の責任者、原田宗親さんに呼び出されて、「約束が違うじゃないか。これじゃ何のためにタイアップしているのか分からない」と怒られる羽目になった。いらついていたせいもあったんでしょう。原田さんはふいにこう言いました。

「宮崎さんもそろそろ終わりだね」

僕はびっくりして、「えっ、どういうことですか？」とたずねました。

「だって、ナウシカからラピュタ、トトロと、興行成績がどんどん下がっているじゃない」

カチンときましたけど、それは厳然たる事実でした。配給収入でいえば、『ナウシカ』が7億4000万円、『ラピュタ』が5億8000万円、『トトロ』と『火垂るの墓』が2本立てで5億9000万円。原田さんが言うということは、他の興行関係者も同じように見ているということです。僕はショックを受けました。

それまでの僕はともかく映画を作ることが楽しくてやってきた。でも、原田さんの言葉で、映画が成功するには内容と数字、両方が伴わなきゃダメなんだと気がついたのです。いま思えばあたりまえのことなんですけど、そのときから、僕は本気でヒットをめざし、宣伝にも全力で取り組むようになりました。

日本テレビの出資と宣伝大作戦

とはいえ、当時の僕は、まだどうやったら映画をヒットさせられるのか、何のノウハウも持っていません。とりあえず考えたのは、宣伝が必要だろうということでした。そこで僕は、東映を出たその足で日本テレビへ向かうのです。

「宣伝といえばテレビ。テレビ局に協力してもらおう」

きわめて単純な発想でした。日本テレビを選んだのは、『ナウシカ』のテレビ放映以来、ずっと協力関係を築いていたからです。

映画部の横山宗喜さんと会って、出資と宣伝の協力をお願いすると、前向きに考えてくれることになりました。

上層部も含めた話し合いの結果、日本テレビの出資、宣伝協力が決まり、「これで一安心」と思ったのも束の間、横山さんの部下の奥田誠治さんから連絡が入りました。

「鈴木さん、ジブリのいろんなグッズがありますよね。それをたくさん持って、日本テレビまで来てください」

「なんでそんなものが必要なんですか？」

不思議に思って聞くと、奥田さんは説明してくれました。

「出資が決まったからといって、それですぐ社内の全員が協力してくれるわけじゃないんですよ。各番組のプロデューサーやディレクターのところをまわって、番組内で告知をしてくれるように〝営業〟しなきゃいけないんです」

それで僕は奥田さんといっしょにグッズを抱えて、日本テレビの局内を歩いてまわり、いろんな人に挨拶しました。「こういうこともしなきゃいけないのか……」。宣伝プロデューサーの苦労というものを初めて味わいました。

でも、その甲斐あって、日本テレビの名物番組「ズームイン!!朝!」をはじめ、いろんな番組で『魔女の宅急便』の告知を打ってもらえることになりました。

「金曜ロードショー」では、それまでもジブリの新作公開に合わせて、前の作品を放映していました。本編の前後に、新作の予告編を流して、「宮崎駿監督の最新作がいよいよ公開！」と宣伝するわけです。『魔女の宅急便』のときは、1989年4月に『トトロ』を初放映して視聴率21・4％、7月の公開直前には『ラピュタ』で22・6％、公開中の8月には『火垂る』を初放映して20・9％と高視聴率をあげました。それが観客動員に与えた影響は少なくなかったと思います。

もうひとつ忘れられないのは、奥田さんが作った特別番組ですね。特番が決まったというので、「すごいじゃないですか」と喜んでいたら、奥田さんが言うんです。

「でも、枠は30分しかなくて、ちょっと予算も足りないんです」

「えっ、じゃあどうするんですか？」

「鈴木さんの娘さんって、たしか主人公のキキと同じ13歳だって言ってましたよね。友達を集めてもらって、みんなで〝魔女の宅急便ごっこ〟をやるってのはどうですか？」

「そんなものが特番になるの⁉」

大丈夫かなあ……と不安に思いながらも、背に腹はかえられません。「テレビに出られるぞ」と娘を説得。公園で遊ぶ彼女たちを撮影し、いまどきの13歳の女の子たちが考えていることをインタビューしました。さらに、宮さんのコメント、制作現場の様子を紹介し、本編映像の一部を流すことで何とか番組は成立しましたけど、これも僕にとっては宣伝の仕事の洗礼になりました。

コピーをめぐる徳さんとの対立

『魔女の宅急便』の宣伝では、配給が東映に戻ったことによって、再び徳さんが登場してきました。メイジャーの協力は本当にありがたかったんですけど、僕も少しずつ映画の宣伝というものを理解してきて、だんだん徳さんのセンスを古くさく感じるようになってきたのも事実です。

徳さんのコピーにはいくつか特徴があって、まず「愛と感動」というのが非常に好きなんですね。何かというとそのフレーズが出てくる。もうひとつは、「10年に一度の傑作」「構想何十年」「壮大なパノラマスペクタクル」といった常套句。ある映画には「超大作4本分のおもしろさ」というコピーを付けていました。僕は不思議に思って、「なんで4本なんですか?」と聞いたことがあるんですよ。そしたら、徳さんは得意そうに説明するんです。

「そういうときはたいてい3本って言うだろう。でも、さらに1本増やしたら、もっとすごい映画になるじゃないか」

そういう人なんです。だから、『魔女の宅急便』という映画についても、徳さんは「かわいい魔女が空を飛んで大活躍するお話」と捉えていました。

たしかに表面的には魔女が主人公のファンタジー映画だけれども、僕が宮さんと話し合っていたテーマはぜんぜん違うものでした。この作品の本質にあるのは、思春期の女の子が親元から離れ、見知らぬ街で自立していくという物語です。

僕は糸井さんにもそういう意図を説明した上で、コピーを作ってもらうことにしました。とはいえ、なかなか難しいテーマです。糸井さんもずいぶん悩んで、絵コンテを何度も読みかえしながら、いろんな案を出してくれました。

その一方で、ポスターの絵柄も考えていったんですけど、僕がテーマを象徴するシーンとして見つけたのが、キキが下宿先のパン屋で店番をしているところでした。その絵柄を見せたりするうちに、糸井さんのイメージも固まっていったようで、最後の最後に「おちこんだりもしたけれど、私はげんきです。」というコピーが出てきた。ポスターのビジュアルにもしっくりくるし、ユーミン（荒井由実）の挿入歌「ルージュの伝言」「やさしさに包まれたなら」の雰囲気にも合っている。僕としては、非常にいいコピーだと思いました。

僕は編集者としての経験も踏まえて、タイトル、コピー、ビジュアルは三位一体じゃなきゃいけないと思っているんですけど、『魔女の宅急便』の第一弾ポスターでは、それが非常にうまくいったと思っています。

ただ、徳さんには、それがどうしても理解できなかったんですね。「こんなんで客が来るわけないだろう」と怒りだして、揉めに揉めました。

そもそも、「誰に見てもらう映画なのか」という部分で、徳さんと僕の間にはズレがあった。徳さんは従来のアニメーションの定石どおり、小さい子どもたちを想定していました。僕ももちろんファミリー層は意識していたけれども、それと同じぐらい思春期の女の子や大人の女性にも見てもらいたいと思っていた。そうすると必然的に宣伝の表現も変わってきますよね。

宣伝というのは、人の作った作品を、世の中に売る仕事です。長く続けていると、ある種のニヒリズムに陥るところがあるんですね。分かりやすくいうと、徳さんは、お客さんをバカにしているところがありました。映画のテーマを深く掘り下げたりしてもしょうがない。誰にでも分かるパターン化された表現じゃなきゃ、お客には分からない――そう決めつけているところがあった。

でも、少なくとも『魔女の宅急便』という映画についていえば、徳さんのやり方よりも、僕の案のほうがうまくいくという確信があった。それで、ずいぶん話し合いを続けて、何とかコピーについては納得してもらうことになりました。

ところが、徳さんはビジュアルには最後までこだわりを持っていました。最初のうちこそパン屋のビジュアルを使っていましたけど、途中からキキがホウキでコリコの町の上を飛んでいる絵に変えちゃうんです。まあ、そこまで徳さんがこだわるならと、僕も諦めました。

おまけに徳さんは、内緒で子ども向けの予告編も作っていたんですよ。「さあ、みなさん、かわいい魔女のお話ですよ」というナレーションから始まるもので、東映の試写室でそれを見た僕は愕然としました。一悶着あったんですが、さすがにその予告編は引っ込めてもらうことにしました。

ジブリの歴史を変えたエポックメイキングな作品

前売り券の販売はできませんでしたが、宣伝においては、ヤマト運輸さんとのタイアップは大いに効果を発揮しました。映画の映像が流れ、キキが「この夏、あなたに素敵な映画をお届けします」と語るスポットCMは印象的でした。「こんどの宅急便は、映画館でお受け取りください。」という新聞広告も作られました。全体的にイメージ優先で、上品な広告になっていたと思います。『ラピュタ』のように直接的に商品と絡めると、いろいろな問題が起きてくるものの、こういう形ならタイアップもうまくいくということが分かってきました。

テレビスポットCMの制作では、いままで知らなかったことをいろいろ勉強しました。ユーミンの「やさしさに包まれたなら」をバックに予告編の映像を15秒間流して、「原作・角野栄子／福音館書店」というテロップを入れることにしたんですが、そうすると、映画と書籍と歌を同時に宣伝することになって、トリプルスポンサーにあたるという問題が出てきました。しかも、その判断は各テレビ局ごとに違うんですね。そこで、個別に各局の考査部門と話し合って、原作まではいいけれど歌はだめだとか、その逆だとか、さまざまなバージョンのCMを作ることになりました。

それにしても、あらためて思うのは、ユーミンの歌の影響力ですよね。『魔女の宅急便』と聞くと、「やさしさに包まれたなら」を思い出すという人も多いんじゃないでしょうか。

じつは、主題歌を決める会議の前日、僕はたまたまユーミンのコンサートに行っていました。それで、「誰がいいと思う?」と聞かれたとき、反射的にユーミンの名前が出てきたんです。不思議なことに、ジブリの映画作りでは、そういう重要なことが些細な偶然から決まるということがよく起きます。

『魔女の宅急便』という映画は、僕にとっていろんな意味でエポックメイキングな作品でした。本気で宣伝に取り組んだということもそうだし、この作品を作り終えたあと、僕は徳間書店を辞めて、ジブリの専従となります。同時に、ジブリというスタジオも、スタッフを社員化するという、アニメーション業界では異例の挑戦に乗り出します。このとき僕は、テレビの力というものを思い知ることになります。何といっても、前作では２本で80万人だった観客が、２６４万人にまで増えたのです。配給収入は21億７０００万円。この数字のインパクトは大きかった。

それもこれも、原田さんのあの一言がなければ起きなかったわけで、僕は原田さんにとても感謝しているんです。振り返ってみると、それまでの僕はあくまで出版人でした。映画制作については、素人であることを武器に、片手間でやっていたところがあります。でも、原田さんの言葉で、僕は映画人としての自覚を促された。

もちろん、作ることに専念していいなら、そうしたいというのが本音でした。問題に突きあたるたび、「なんで俺がこんなことをやらなきゃいけないんだろう？」と思いました。でも、新しい分野に足を踏み出して、あちこちに頭をぶつけながら進んでいるうちに、「次からはもうちょっとうまくできるんじゃないか」という気持ちが芽生えてきたのも確かです。

次の『おもひでぽろぽろ』以降、プロデューサーとして、「作る」と同じぐらいの力をかけて、「宣伝」に取り組むようになっていきます。

第2章 映画宣伝を変えたタイアップ時代の到来

『おもひでぽろぽろ』（1991）
『紅の豚』（1992）
『平成狸合戦ぽんぽこ』（1994）
『耳をすませば』（1995）

新生ジブリのスタート

『おもひでぽろぽろ』（1991年／高畑勲監督）以降のジブリ作品は、『ホーホケキョとなりの山田くん』の松竹以外、すべての配給を東宝にお願いしています。理由は多々ありますけど、簡単にいえば、配給会社の中では興行力が図抜けているからです。

一方、宣伝においてはメイジャーの力が大きい。それはメイジャーなしでやった『トトロ』『火垂る』のときの経験で痛感していました。

映画のヒットということを考えると、東宝の配給で、なおかつ宣伝の実働隊としてメイジャーに協力してもらうというのが理想的な組み合わせです。ところが、業界のしがらみから、それは難しい。

でも、僕としては『おもひでぽろぽろ』の制作にあたって、何としてもこの問題を解決しなければいけないと考えました。なぜなら、『おもひでぽろぽろ』には、どうしてもヒットさせなきゃいけない理由があったからです。

じつは、『魔女の宅急便』のあと、宮さんは「ジブリを解散しよう」と言いだしました。「ひとつのスタジオで制作を続けるのは3本が限界」というのが宮さんの持論。映画を作っていると、いろんな場面で衝突が起きるし、人間関係がぐちゃぐちゃになっていく。一度リセットしないと、それ以上は作れないというんですね。

ただ、僕としては、映画制作のことがだんだん分かってきたところだったし、せっかくここまでジブリという組織を作りあげてきたのだから、もう少し続けたいと考えていました。そこで宮さんと話し合いをしたところ、三つの条件が出てきました。

一つめはスタッフの社員化。日本のアニメーションスタジオの多くは、フリーのアニメーターを集め、1枚いくらと単価を決めて、出来高で報酬を払うという形で運営されています。ジブリもこれまでそうしてきました。でも、その方式だとアニメーターの年収は低く、生活も不安定です。

たとえば、『魔女の宅急便』の制作費は4億円でした。予算そのものは以前の作品よりもかなり増やしたんですが、宮さんが求める作画のレベルは高く、アニメーターたちの仕事の密度も上がっていました。その結果、スタッフの平均月給は10万円ほどになってしまったのです。これには宮さんも僕も心を痛めていました。そこで、アニメーターをはじめ主要なスタッフを社員として雇い、固定給を払う。平均給与も倍増をめざすという方針を立てました。

二つめの条件は、新人を募集して育成することでした。1作ごとに腕のいいフリーのアニメーターを集めて、作り終えたら解散する。その方式でやれば、たしかに制作上のリスクは減らせます。でも、それを続けていたら、人材は高齢化する一方で、業界全体が疲弊し縮小していきます。実際、テレビアニメの制作現場は、作業の大部分を海外の下請けに出さないとまわらない状態になっていました。

何とかその流れに抗《あらが》って、新人を育てていかなければならない――それが宮さんの考えでした。さっそく「アニメージュ」に、新人アニメーターを募集する告知を載せたんですが、そこに宮さんはこんなメッセージを書いています。

「低コスト低品質のその場しのぎでは、アニメーションに未来はないのです。しかも、もっと良い作品を観たいという需要は増えている!! ひとつだけいえます。キチンと作られた映画はたとえ当たらなくても、時間をかけてお金をとりもどせる。それが私たちの信念です。みんなが観たいと思うような作品、観たら本当におもしろい作品、それを作るのが私たちの仕事なんです。だからこそ、今の日本のアニメーションの現状に満足しない若い才能を求めるわけであります」

三つめの条件。それは僕がジブリの専従になることでした。それまで僕は「アニメージュ」の編集長をしながら、映画の仕事では徳間書店側の製作委員会の一員、あるいはプロデューサー補佐という肩書きで仕事をしていたのです。昼間は吉祥寺のスタジオ、夜は新橋の徳間書店、二つの職場を駆けずりまわる生活が限界に来ていることは、自分でも分かっていました。そこで雑誌のほうは同僚に引き継ぎ、僕は正式にジブリに移り、プロデューサーとしてやっていくことにしました。

というわけで、ジブリは社員70人を擁する会社として再出発することになり、その第一作にあたる作品が『おもひでぽろぽろ』だったんです。人件費と会社の存続のことを考えると、いいものを作るだけじゃなくて、映画をヒットさせ、制作費を回収することが、どうしても必要だったのです。

東宝による配給＋メイジャーによる宣伝を実現

そのためには、何としてもメイジャーに参加してもらい、『魔女の宅急便』のような宣伝態勢を作る必要がある。そこで僕は東宝と交渉を開始するんですが、予想以上にいろいろな障害がありました。

ひとつには、東宝では伝統的に外部の宣伝会社を使ってこなかったということがあります。自社の宣伝部の仕事にプライドを持っていたんです。たしかにその後、付き合っていくことになる宣伝プロデューサーの面々は、みんな個性的でおもしろい人が多かった。

もうひとつの問題は、東宝の傘下に東宝アドという広告代理店があったことです。ここが映画の宣伝の実務を担っているわけですが、仕事内容が一部メイジャーとかぶっていたのです。

その問題で交渉相手となったのが堀内實三常務でした。当時の東宝は松岡功社長の下、堀内さんと西野文男さんという二人の幹部が両輪となって会社を動かしていました。後に二人とも専務になられますが、主に企画を決めるのが堀内さん、それを営業するのが西野さんという役割分担になっていました。

徳間康快が出席する製作委員会では、みんないいことばかり言っていたんですが、堀内さんだけは率直に「この企画で大丈夫なのか」と疑問を呈していました。気骨のある商人といった感じの人で、その後も事あるごとに僕の前に立ちふさがり、厳しいことを言われ続けました。ただ、この人とやり合う中で、僕は非常にたくさんのことを学ぶんです。

メイジャーと東宝アドの問題についても、かなりタフな交渉となりました。それでも、粘り強く話し合ううちに、堀内さんもだんだん僕のことを信頼してくれるようになり、両社の仕事の棲み分けと宣伝予算の割り振りについて、解決策を考えてくれました。

このとき東宝＋メイジャーの宣伝態勢が実現したことは、その後、『もののけ姫』『千と千尋の神隠し』などの大ヒットを生みだす上で重要な基盤になっていきます。

メイジャーの参加が決まったことで、再び徳さんといっしょに宣伝計画を考えていくことになりました。これまで徳さんとは、コピーやビジュアルをめぐって激論してきましたが、このころになると関係もだいぶ落ちついてきました。僕も経験を積んできたし、ジブリの専従になったこともあって、自然と宣伝面でも主導的な立場に立つようになっていたんです。

糸井さんのコピーもこのときは早かった。僕が「タエ子という主人公が、少女時代の自分と旅に出る話なんですよ」と説明しながら、「私は自分と旅にでる。」という下案を見せると、糸井さんはその場で「ここをカタカナのワタシにしたらどうですか」と言って、「私はワタシと旅にでる。」というコピーを考えてくれました。二人の「私」を漢字とカタカナで書き分ける。シンプルで、何気ないアイデアのように見えますけど、なかなか思いつくことじゃありません。鮮やかなもんだなあと感心しました。

ポスターのビジュアルは、作画監督のコンちゃんこと近藤喜文と相談しながら作ったんですけど、大人になったタエ子と少女時代のタエ子が手をつないでいる、非常に印象的なものができました。

できあがったポスターを見て、徳さんも反対意見を言いませんでした。メイジャーのほうで作る新聞広告にも「私はワタシと旅にでる。」を使ってくれて、「珍しく気に入ってくれたんだな」と安心していたんです。でも、そこはやっぱり徳さん。公開が近づくと、いつもの調子でどんどんコピーを加え始めました。

「この夏、楽しい夢と素敵な愛を贈ります。」

これはまあいいでしょう。

「『となりのトトロ』のあたたかさ『魔女の宅急便』の楽しさ『火垂るの墓』の感動がひとつになった宮崎駿・高畑勲の最新話題作！」

だんだんてんこ盛りになってくるんですね。

「早くも凄い人気です。笑いと涙で綴る感動の名編。」

「試写会は笑いと感動の渦！この夏、最高にごきげんな映画です。」

ファミリー層に向けて楽しく盛り上げたいという意図は分かります。でも、「ターゲットをＯＬに絞るべきだ」と考えていた僕からすると、どうしても表現がズレているように感じる。ずいぶん説得したんですが、徳さんはやり方を変えなかった。やっぱり徳さんにとって、アニメーションというものは、あくまで子どものためのものだったんですね。その枠から出ることはなかった。よくも悪くも頑固な人です。

テレビスポットＣＭも、徳さんの意向をくんで小学生のタエ子の初恋の思い出を中心にまとめたものと、大人になったタエ子の山形でのエピソードを中心にしたもの、２種類を作ることになりました。

まず映画の成功ありき——タイアップの基本方針

『おもひでぽろぽろ』では、カゴメとブラザー工業の２社とタイアップしました。結論からいうと、このタイアップは非常にうまくいきました。

その交渉にあたってくれたのが、博報堂の鈴木伸子さんです。『おもひでぽろぽろ』にしても、次の『紅の豚』でのＪＡＬとのタイアップにしても、彼女の尽力がなければうまく進まなかったと思います。

不思議な縁があるもので、じつは彼女のお父さんの名前も鈴木敏夫。僕と同姓同名なんです。元新聞記者で、著作権法や日本の出版文化の研究者でもありました。僕が伸子さんにファクスを送ると、彼女はびっくりしていました。名前だけじゃなくて、字までお父さんと似ているというんです。「父から手紙が来たような気がする」と言って喜んでくれました。

このころになると、僕らも経験から学んで、企業とタイアップする際の基本方針を明確に立てていました。

ひとつには、映画を商品の直接的なＰＲには使わないということです。『ラピュタ』のときにやったジュースのタイアップは、残念ながら味の素にとっても、ジブリにとっても中途半端なものに終わってしまいました。その反省を踏まえて、タイアップをするときは、イメージ広告に限るという原則を打ち出したのです。ＣＭなどを通じて、「私たちはジブリ作品を応援しています」と消費者に伝えることが、ひいてはその企業のイメージを高める。一方、ジブリとしてはイメージ広告の中で映像を流してもらうことで、映画の宣伝をすることができる。いわゆるＷｉｎ－Ｗｉｎの関係というやつですね。

　もうひとつの原則は、映像やキャラクターの使用料をもらわないということです。そのかわりに、使用方法については、映画のイメージを守るために、こちらから積極的に意見を言っていく。

　一般的に、制作者は予算が足りない中で映画を作っています。制作費を補塡してもらえるとなれば、ついなびいてしまう。一方、お金を出した企業としては、相応の効果をあげなきゃいけないから、「あれもやりたい、これもやりたい」と要求が高くなっていく。その結果、お互い何のためにタイアップしたのかが分からなくなる……というのが不幸なタイアップのパターンです。ただ、お金が介在しなければ、お互いに五分と五分、はっきりものが言えます。

　そもそも広告代理店というのは企業のほうを向きがちで、映画本体の宣伝をなおざりにする傾向があります。でも、僕はタイアップがうまくいくには、まず映画の成功ありきだと思うんです。映画が注目され、ヒットすることで、その映画を応援した企業のイメージが上がる。その順番を間違えると、元も子もなくなってしまう。

だから、このころから、広告代理店と話すだけじゃなくて、相手企業の担当者の方と直接会って話すようになりました。「いろいろおやりになりたいことはあるでしょうけれども、まずは映画を成功させることに集中しませんか」と、こちらの考え方をはっきり伝えるようにしたんです。

とはいえ、原理原則だけではやっていけないのも世の常。

カゴメでいえば、企業イメージ広告と同時に、「タエ子の新発見メニュー」と題して、漫画でケチャップ料理のレシピを紹介する新聞のシリーズ広告などが作られました。

ブラザー工業のほうは、ミシンの広告にキャラクターを使いました。当時、ブラザーはミシン友の会のような組織を運営していて、その会員の女性たちの前で、なぜか僕が講演をすることになったんです。会場に足を踏み入れた瞬間、800人ぐらいの女の人の視線を一身に受けて、頭がクラクラしました。地方キャンペーンのときは、宮さんといっしょに名古屋の工場を見学したりもしました。宮さんは工場が好きだから、喜んで観察していましたね。

映画宣伝6つの手段

タイアップはたしかに効果が大きいんですが、映画の宣伝にはそれ以外にもいくつもの手段があります。大まかに整理すると、6つに分けられるでしょうか。

①配給宣伝

配給会社の予算で行われる宣伝で、映画の宣伝といえばこれが基本。予告編やポスターなどの劇場宣伝、あるいは新聞広告やテレビスポットなども含まれます。僕らもこれを宣伝計画の中心に位置づけていました。

②製作委員会の自社媒体を使った宣伝

たとえば、製作委員会に加わっている日本テレビが打ってくれるテレビスポットCMや、さまざまな番組で行う告知、特番などがこれにあたります。『おもひでぽろぽろ』でも、日本テレビは特番を作ってくれました。公開直前の7月、「日曜スペシャル」の枠で、高畑さん、宮さんのこれまでの歩みをまとめた番組を放送し、「スーパーテレビ情報最前線」では、「初公開!・超人気アニメ㊙製作現場」と題してメイキング映像が放送されました。

③タイアップ

タイアップがつくか、つかないかで、宣伝の規模はまったく変わってきます。たとえば、『魔女の宅急便』でのヤマト運輸とのタイアップは、宣伝費に換算すると約20億円の効果があったという試算があります。ただ、タイアップというものは、①、②の宣伝をしっかりやった上で、補強のためにやるものだという意識を常に持つように心がけていました。

④試写会

マスコミ関係者に見てもらうものと、一般のお客さんに見てもらうものがあります。マスコミのほうは記事を書いてもらったり、番組で紹介してもらったりするのが目的ですが、一般のお客さんによる口コミというのも、宣伝においては意外と重要です。僕の場合、もともと出版社に友人が多かったので、いろんな雑誌に試写会の企画をやってもらいました。後には講談社の雑誌が合同で開く大規模な試写会も行われるようになりました。

⑤パブリシティ

媒体に掲載費を払って出す広告とは別に、新聞、雑誌、テレビなどで監督にインタビューしてもらったり、特集記事を作ってもらうなど、お金をかけずにメディア露出をはかるのがパブリシティです。メイジャーはその展開でも力を発揮してくれました。

⑥イベント、キャンペーン

『ナウシカ』のときのイメージガール・コンテストなどがこれにあたります。『おもひでぽろぽろ』のときは、全国の百貨店で「『おもひでぽろぽろ』公開記念　高畑勲・宮崎駿の「すばらしきアニメの世界」展──『ホルス』から『おもひでぽろぽろ』まで」という企画展を開きました。過去のセル画やキャラクター商品を展示し、映画の一場面を立体造型物で作ったりもしました。かなり好評で、約100万人のお客さんが入場しました。後に、こうした展覧会はもっと本格化して、全国で巡回展示を行うようになっていきます。

原作や関連書籍を出版して書店でフェアを行う、あるいはサウンドトラックや主題歌などのCDを発売し、音楽イベントを行うのも、映画の宣伝のひとつです。

キャンペーンでは、映画公開前に全国各地をめぐって、地元のテレビ、ラジオ、新聞、タウン誌などメディアの取材を受けます。それと同時に、必ず試写会を開くんですが、その告知にも力を入れました。タイアップ企業のCMと連動して、日本テレビの系列局で「ジブリの新作の試写会が開かれます」というスポットを流すんです。試写会自体もさることながら、このテレビスポットの宣伝効果にも大きいものがありました。

これまでも札幌、名古屋、大阪、福岡など、主要都市はまわっていましたが、『おもひでぽろぽろ』では作品の舞台である山形を含め、いろんな地方をまわりました。

後々まで関係者の語り種になったヒット

スタッフを常雇いにして給料を倍増させたことによって、『おもひでぽろぽろ』の制作費は『魔女の宅急便』の倍に膨らみました。当然、回収のハードルは上がるわけですが、僕としてはけっこう楽観的に考えていたんです。宣伝も一生懸命やっているし、『魔女の宅急便』の大成功の後だったので、関係者も期待してくれていると思っていました。ところが、実際はそんなことはなかった。配給の東宝を含め、多くの関係者が興行に不安を持っていたのです。

そのことに僕が気づいたのは、制作を終えて、全国キャンペーンで各地をまわっているときでした。東京のメイン館はいい劇場でやってくれたんですが、地方の封切り館の多くはあんまりいい劇場じゃなかったんです。はっきりいうと、普段ポルノをやっているような場末の劇場もあった。それぐらい事前の期待値は低かったということです。

そんな中、公開初日を迎えるわけですが、全国の劇場からあがってくる速報値に、東宝社内は騒然となりました。予測値をはるかに超える観客が映画館に押し寄せていたんです。

「なんだ、この数字は⁉　一桁間違ってるんじゃないか！」

「これって目標4億だったよな」

僕が近くにいることを忘れて叫んでいる人もいました。でも、僕としては意外でも何でもない。作るほうもがんばったけれども、宣伝もやれるだけのことはやったから、きっとお客さんは来てくれるだろうと思っていたんです。

結果、配給収入は目標の4倍以上の18億7000万円。その年の日本映画でナンバーワンのヒット作となりました。興行のプロたちの見立てを大幅に裏切ったわけです。逆に、もし思うような宣伝ができずに、興行成績が東宝の予想どおりになっていたら、ジブリはなくなっていたかもしれない。そう思うとぞっとしますね。

興行関係者の間では、『もののけ姫』が登場するまでの間、『おもひでぽろぽろ』こそジブリ最大のヒット作だと言われ続けました。彼らにとっては、売り上げの額面よりも、期待値をどれだけ上回ったかのほうが重要なんです。その後、地方の劇場をまわるたびに、映画館主から「『おもひでぽろぽろ』はすごかった」とよく感謝されました。

ＪＡＬとのタイアップから始まった『紅の豚』

『紅の豚』（１９９２年／宮崎駿監督）という作品は、もともとは15分程度の短編映画として企画されたものでした。１９８８年『となりのトトロ』、１９８９年『魔女の宅急便』と立て続けに長編を作り、毎回ヒットを求められる――さすがの宮さんも疲れ果てていました。ここはひとつ好きな飛行機の映画でも作ってもらって、気分転換してもらおうと思ったんです。

最初はプライベートフィルムに近いノリでスタートしたんですが、予算も人手もかける以上、プロデューサーとしては公開の方法を考えなきゃいけない。ビデオで発売するのがいちばん手っ取り早い方法ですが、それもありきたりでおもしろくない。何かいい手はないか……と考えていたときに、ふと思いついたんです。

「飛行機の話なんだから、航空会社にお願いしてみよう」

じつは以前、『魔女の宅急便』をロサンゼルス在住の日本人向けに上映するという企画で、ＪＡＬ（日本航空）の文化事業センターと仕事をしたことがありました。そのときに知りあった池永清さんという方を訪ねて相談してみることにしました。

「宮崎駿の最新作が飛行機の映画なんです。これをJALの機内で上映しませんか」

　率直に持ちかけてみたところ、池永さんの最初の反応はあまり芳しくありませんでした。ところが、それから数日して、僕が友人のお父さんのお葬式へ行くと、焼香の列の中に池永さんがいるじゃないですか。僕がびっくりして声をかけると、池永さんも「あっ、鈴木さん！　こんなところで会うとは！」と驚いています。その偶然の再会がきっかけになって、積極的に企画を検討してくれることになりました。ただし、池永さん本人は当時関連会社にいたので、直接プロジェクトに携わることはできません。文化事業センターの方を紹介してもらい、話を進めていくことになりました。

　ところが、絵コンテが進んでいくうちに、だんだん尺が延びていって、15分のはずが30分になり、60分になり、「これはもう長編として映画館にかけるしかない」ということになっていきます。そこで、これまでの長編同様、日本テレビ、博報堂にも出資に加わってもらい、製作委員会が組まれることになりました。

　日本航空の社内では、それが大きな問題になりました。ジブリとタイアップして機内上映用の短編映画を製作する。そこまではクリアできていたんですが、本格的な劇場公開作に出資するとなると、話が変わってきます。会社の定款も変えなきゃいけなくなるし、社長の決裁が必要だということになったのです。

ＪＡＬ文化事業センターでは、川口大三さん、木内則明さん、堀米次雄さんという3人が担当してくれていたんですが、彼らとしても、どうやって社内を説得していくか、頭を悩ませていました。相談に来た彼らが開口一番に聞いてきたのが、「最大いくら損しますか？」ということでした。映画興行というのは水物《みずもの》です。一部上場企業として出資する以上、最初にリスクを計算しておかなければならないというんですね。さすが堅い会社だなと感心しつつ、レポートを作って、きちんと数字を伝えることにしました。

次に問題になったのがタイトルです。「『紅の豚』で行こうと思っています」と伝えると、彼らは、「えっ⁉　豚ですか？」と絶句してしまった。

会社に帰った後、周囲の女性たちに意見を聞いてみたところ、みんな『紅の歌』と勘違いして、「いいタイトルですね」と喜んだそうです。ところが、ポスター案を見せると、「豚」だと分かって、びっくりしてしまった。役員会にも報告したところ、「ＪＡＬが初めて製作する映画が豚では困る」という意見が出て、3人組は困っていました。

でも、僕は『紅の豚』は、すごくよくできたタイトルだと思っていたんです。たとえば、糸井さんにコピーを頼みに行ったときも、こんなふうに言われました。

「鈴木さん、これはコピーが作りにくいですよ」

「えっ、どうしてですか？」

「だって、『紅の豚』というタイトルそのものが、もうコピーになっている。そこに、あらたにコピーをかぶせるのは難しいなあ……」

主人公のポルコは見た目は豚なんだけど、やっていることも台詞もハードボイルド。昔の映画でいえば、『カサブランカ』のハンフリー・ボガートのような主人公ですよね。そういう二枚目をあえて豚として描く落差におもしろみがあるわけだし、主人公が豚にならざるをえないところに時代性が現れている。僕はそう考えていました。そういう意味では、『紅の豚』というタイトルはすごく重要だったんです。だから、ＪＡＬからの要望とはいえ、タイトルを変えるわけにはいかなかった。

「カッコイイとは、こういうことさ。」

最初は難航したコピーですが、やりとりを重ねる中で、糸井さんはまた名文句をひねり出してくれました。

「カッコイイとは、こういうことさ。」

この時期の糸井さんは絶好調。ＪＡＬのタイアップ広告のコピーも印象的でした。

「飛べば、見える。」

このコピーを使った新聞の全面広告は、旅客機の窓の向こうにポルコが飛行艇で飛んでいるというビジュアル。ＪＡＬの国際線機内で「世界初・スカイロードショー」を行うということを伝えました。おかげさまで、広告はたいへん評判になったんですが、じつは制作段階では、いろいろな問題が起きていました。

ＪＡＬ社内では、この期に及んでも、まだ『紅の豚』というタイトルを社長に報告していなかったのです。そのためＪＡＬの宣伝部は、タイトルもポルコの顔も入れず、ただ窓の外を飛行艇が飛んでいるだけの広告にしようとしていました。さすがにそれじゃ何のことだか分からないし、映画の宣伝にはなりません。僕がタイトルとキャラクターの絵を入れてほしいと伝えると、３人組が困った顔をしてやってきました。

「やっぱり豚ではイメージが悪いということで、このままじゃ社内を通りません。鈴木さん、宣伝部長と会って話し合ってくれませんか」

そこで僕はＪＡＬの本社へ連れて行かれて、宣伝部長の木村建さんという方と会うことになりました。でも、３人組は僕と木村部長を引き合わせると、スーッといなくなってしまった。おかげで、僕は木村部長とサシで「豚」をめぐって話し合うことになりました。侃々諤々《かんかんがくがく》、かなり激しい議論になった覚えがあります。

条件闘争を重ねる中で、木村部長もこちらの味方になってくれて、最終的にポルコの顔は大きく入れてくれることになりました。その代わり、タイトルは下のほうに目立たないように入れるということで妥協しました。

ただ、タイトルをめぐる問題は最後まで続きました。最終関門となったのが、日比谷で行われた完成披露試写です。当時の社長、利光松男さんが直々にお越しになるということで、3人組の面々も、宣伝部の方々も緊張していました。結局、当日まで誰も社長にタイトルを伝えられなかったということでした。

社長の反応次第では、すべてがひっくり返ってしまう可能性もある。上映後、僕らが出口で固唾《かたず》を呑んで待っていると、利光さんが笑顔で出ていらっしゃいました。そして開口一番、「すばらしい映画だ」と言ってくださったんです。その一言で、全員の肩の荷が下りました。宣伝部長も「よくやった」とほめられて、すべてがまるく収まりました。

おかげでJALとはその後もいい関係が続き、後に僕がラジオ番組「ジブリ汗まみれ」を始めたときも、スポンサーになっていただきました。植木義晴社長が番組に登場してくださったこともあります。じつは植木社長のお父様は、昭和の映画スター片岡千恵蔵。ご自身も子役として『大菩薩峠』などに出演したことがあるといいます。僕は子供のころから千恵蔵の大ファンでしたから、いろいろなエピソードを聞かせてもらって、とても楽しい対談になりました。これも不思議な縁のひとつですね。

日本全国17カ所、一大キャンペーンのはじまり

『紅の豚』は、東宝の洋画系で配給することになっていたんですが、2系統ある映画館のうち、収容人員の大きいほうはすでにスピルバーグの大作『フック』に押さえられていました。どんなに宣伝をがんばっても、最終的に映画館が小さければ、思うような観客動員は望めません。

そのとき助けてくれたのが東宝の常務、西野文男さんでした。僕らが必死に宣伝しているのを見て、前代未聞の作戦を実行してくれたんです。

具体的にはこういう方法をとりました。事前の契約に従って、初日だけは大きいほうの映画館で『フック』を上映する。そのあと一晩で看板からポスターから、すべてを入

れ替えて、2日目以降は『紅の豚』を上映する。映画館主からの信望厚い西野さんでなければできない荒技でした。ただし、さすがに目立つ関東地区でやるわけにはいかず、あくまで地方に限った作戦でした。

そうなると、今度は地方での観客の掘り起こしが重要になってきます。映画の興行収入というのは、普通、関東が全体の60～70パーセントを占めるんですが、その比率を逆転させなければ『紅の豚』にヒットの可能性はないわけです。

そこで打った手が、大規模な全国キャンペーンでした。『おもひでぽろぽろ』からさらに範囲を広げ、北は札幌から南は福岡まで、全国津々浦々、17都市を訪ねることにしたのです。当初、東宝の宣伝部は反対していました。そこまでのキャンペーンは前例がなかったし、予算もかかるからです。でも、「今回はどうしてもやる必要がある」と説得して、19日間の長い旅に出ました。

宣伝というと、東京中心、大きなメディア中心でものを考えがちですが、地方をまわりながら、一つひとつ丹念に種まきをしていくことも大切なんです。当時は宮さんもまだ若かったから、すべてに付き合ってくれて、道中いろんなことがありました。キャンペーンで旅をともにすることは、宣伝関係者の結束力を高めるうえでも意味があったと思います。

結果、宣伝と興行が有機的につながり、『紅の豚』は配給収入28億円をあげることになりました。

映画は内容が第一。でも、宣伝も大切。そして最終的には、配給・興行の態勢を整えることが必要。作る、伝える、売る。三つの要素が一体にならないと、ヒット作は生まれません。『紅の豚』は、僕がそれを意識的に組み合わせることができるようになった最初の作品でもありました。

JAの力を知った『平成狸合戦ぽんぽこ』

『紅の豚』では地方での観客動員がヒットにつながったわけですが、続く『平成狸合戦ぽんぽこ』（1994年／高畑勲監督）と『耳をすませば』（1995年／近藤喜文監督）でも、地方票の掘り起こしに成功しました。その原動力となったのが、JA共済とのタイアップです。

JAというのは農業協同組合、いわゆる農協のことですね。その共済活動を行う組織がJA共済です。『ぽんぽこ』は里山が舞台となる映画で、糸井さんが考えてくれたコピーも「タヌキだってがんばってるんだよォ。」というほのぼのしたもの。ＪＡ共済は、映画のイメージともマッチした理想的なパートナーでした。

担当者の池田修一さんがジブリのファンだったことも幸いしました。スタジオに見学に来てもらったりして仲よくなり、コミュニケーションは円滑に進みました。

このＪＡ共済、全国の農村にネットワークを張り巡らせているから、とにかく組織力が半端じゃありません。

いちばん印象に残っているのは、劇場ポスターと同じデザインで四つ折りになっている大判のパンフレットを作ったときですね。作りも凝っていたんですけど、なんと800万部も刷るというんです。他にもタヌキのぬいぐるみや団扇《うちわ》、テレホンカードなど、さまざまなグッズを作ったんですけど、その数がいちいち百万単位なんです。それが、ＪＡ共済の窓口に置かれたり、加入者の家庭に送られたりしました。

ちょうど当時、「読売新聞」が1000万部、「週刊少年ジャンプ」が650万部という発行部数の記録を作って話題になっていました。単純に比較はできませんが、ＪＡ共済によるタイアップは、それらと同じぐらい人の目に触れる可能性があるということです。僕としてはこれに懸けてみようと思った。

その効果は、興行成績に表れました。東京の中心館では、なかなかアベレージの観客数に達しなかったのに対して、地方の映画館は超満員になったのです。最終的な配給収入は26億5000万円。高畑さんの作品では最大のヒット作となりました。前作の『紅の豚』のほうが配給収入はやや高いんですが、それは『紅の豚』の客層に大人が多かったから。じつは、お客さんの総数でいうと、『ぽんぽこ』のほうが多かったんです。

同じタイミングでディズニーの『ライオン・キング』も公開されて、マスコミには「タヌキ対ライオン」なんて騒がれたんですけど、結果はタヌキの勝ち。おかげさまで、またもや1994年の邦画ナンバーワンのヒット作となりました。

『耳をすませば』が大ヒットと言われた理由

続く『耳をすませば』でも、JA共済がタイアップについてくれて、同じように大量の広告を展開することができました。

ただ、それまでと違ったのは企画を立てるにあたって、宮さんが「佳作小品シリーズ」という言い方をしていたことです。僕としても「何が何でもヒットしなければ」という構えではなく、少し楽な気持ちで制作に入りました。

ところが、作っているうちにだんだん作品が大がかりになっていく。最初はミニシアター系で小規模に配給しようという計画を立てていたんですけど、やっぱり大きな映画館でロードショーすべきだと考え直し、東宝を訪ねることにしました。相談に乗ってくれたのは、堀内さんの下で調整部長をしていた高井英幸さんです。高井さんは後に社長となり、よき理解者として、ジブリ映画を長く支えてくれることになる方です。

ただ、いかんせん、このときはお願いしたタイミングが遅かった。1995年夏の映画館の編成はすでに決まった後でした。

「鈴木さん、いくらなんでもいまから割り込むのは無理ですよ」

「高井さんのお力で何とか夏にぶちこんでくれませんか」

「うーん……ゴールデンウィーク公開はどうですか。それで夏前まで上映するという形で」

「いや、それだと制作が間に合わないですよ」

「じゃあ、冬は？　冬なら映画館を押さえられます」

「冬まで引っ張ったら、制作費も膨れあがっちゃいますから、それは避けたいんです」

「それなら9月は？　ジブリ作品はもう一般映画として認知されているんだから、夏休みにこだわらなくても大丈夫でしょう」

高井さんからはそう言われたんですが、僕としてはどうしても夏休みにこだわりたかった。夏とそれ以外じゃ、観客動員が段違いだからです。

交渉を重ねるなかで、興行関係者の多くが、「中学生同士の恋の話じゃ夏は張れない」と考えていることが分かってきました。それでも、僕は高井さんのところに通い続けました。ほとんど根比べです。5回目ぐらいの交渉で、ついに高井さんが折れてくれました。

「しょうがない。夏にやりましょう。ただ、いつもみたいに、ぜんぶいい映画館を集めるというのは難しいですよ」

ところが封切ってみると、208万人ものお客さんが入り、配給収入は18億5000万円。1995年の邦画ナンバーワンの成績をあげます。

期待値を大きく上回る結果に、東宝もびっくりしていました。配給会社というのは、事前にその作品を値踏みして、上映館を決めていきます。そして公開後は、割り当てた映画館のアベレージの数字と比べて、客の入りを判断する。

その考え方でいくと、『おもひでぽろぽろ』は想定外の大ヒット。『紅の豚』も予想を超えるヒット。『ぽんぽこ』は「当たる」という期待があって、いい映画館を用意した上での結果なので、順当なヒット。その意味では『耳をすませば』も大ヒットなんです。よくマスコミは単純な興行成績ランキングでヒットを論じていますけど、プロの見方というのは違います。予想のラインを超えてどこまで伸びるかで、成功か失敗かを判断しているんです。

ヒットが続いたことで、世間ではジブリ映画に対する期待値が上がっていたし、一部の関係者の間では、ジブリの映画は何をやってもうまくいくんじゃないかという変な空気も出ていました。でも、映画のプロの判断はやっぱり厳しいものです。次の『もののけ姫』は、日本の映画史を塗り替える大ヒットを記録するわけですが、事前の予想はけっして高くありませんでした。むしろ企画そのものに否定的な関係者が多かった。それを覆すために、僕らは何をしたのか？　次の章で詳しく振り返ってみたいと思います。

第3章　空前のヒット作はこうして生まれた

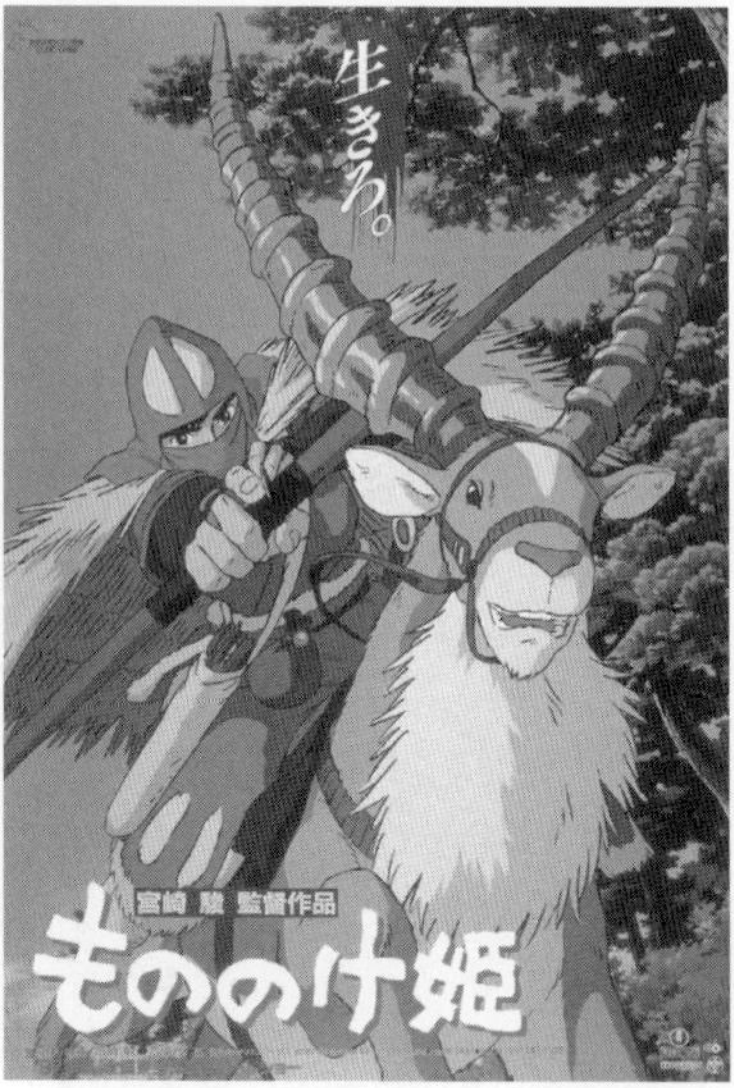

『もののけ姫』（1997）

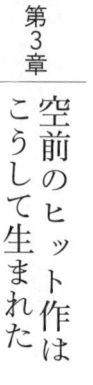

関係者から反対された企画

めざすは配給収入60億円――『もののけ姫』（1997年／宮崎駿監督）は、僕が携わった全作品の中で唯一、売り上げの目標を明確に掲げた作品です。

それまで数値目標を設定したことがなかったのは、制作にかけた費用を回収して、収支がトントンになれば、それでいいと思っていたからです。そうすれば、次の作品を作るチャンスが与えられる。これまでジブリはその繰り返しでやってきました。

『もののけ姫』以降、たしかに100億円単位の大ヒットを生み出すようになりましたけど、制作費を回収できればそれでいいという考え方は基本的に変わりませんでした。「目標何十億円」と宣言することに意味を感じなかったんです。

では、なぜ『もののけ姫』では目標値を決める必要があったのか？

じつは企画を提案した当初、関係者の多くが『もののけ姫』という作品に不安を持っていたんです。

映画製作というのは水物です。予想を立てることはできるし、当てるための努力もします。でも、本当にお客さんが来てくれるかどうかは、蓋を開けるまで分かりません。だから、企画を立てるとき、「これじゃ客は来ないよ」と、必ずネガティブなことを言う人がいます。『もののけ姫』のときは、とくにそういう反応が多かった。関係者を不安にさせる理由は、大きく分けて三つありました。

一つは、時代劇であることです。時代劇の全盛期はとっくに終わり、どんな企画をやってもうまくいかないという状況が続いていました。「宮崎駿が『七人の侍』を超える新しい時代劇に挑む」とぶち上げても、「チャンバラはもう無理なんだよ……」と端から諦めている関係者が多かった。

二つめは制作費の問題です。宮さんももう50代後半。超大作を作れるのは年齢的にも最後かもしれない。そこで、僕のほうから「いつもの倍の予算と時間をかけましょう」と提案したんです。

アニメーション映画の場合、制作費の大部分を占めるのは人件費です。制作期間を延ばすということは、そのまま予算の高騰につながります。それまでジブリは作画期間１

年、制作費10億円というラインで作品を作ってきました。それを『もののけ姫』では2年、20億円で制作することにした。しかも、最終的な制作費は約25億円にまで膨らんでいきます。

その額を聞いて、及び腰になる人が多かった。というのも、予算から逆算すると、配給収入が60億円を超えないと黒字化できないことが分かったからです。それは日本映画の最高記録、『南極物語』（1983年）の59億円を超えるということを意味していました。はたしてそんなことが可能なのか？

三つめの問題は、同じ時期にアメリカから超大作『ロスト・ワールド ジュラシック・パーク』（1997年）が上陸することです。前作『ジュラシック・パーク』（1993年）は日本で83億円の配収をあげているヒット作。「その続編と正面から戦って勝てるのか？」。懐疑的になる人はさらに増えました。

この作品から出資に加わることになった電通はもとより、協力関係を築いてきた日本テレビ、配給の東宝も、企画に対する不安を隠しませんでした。じつはこのとき、電通のある人が僕に隠れて密議を開きました。そこに呼ばれていた日本テレビの奥田誠治さんが、僕にその内容を知らせてくれました。

「このまますべてを鈴木さんに任せておいて大丈夫だろうか？　チャンバラでは厳しいという東宝さんの意見もあるんだし、製作委員会としては『企画を変えてほしい』と申し入れるべきじゃないか？」という話が出たというのです。

当時は僕も若かったから、猛烈に腹が立った。次の日、さっそく電通の担当者を呼びつけて、「陰で何をやってるんだ！　そんなに嫌だったら降りればいいじゃないか！」と啖呵《たんか》を切りました。

ただ、落ちついて考えてみれば、彼らの意見のほうがまっとうだったんです。アニメーション映画、しかも時代劇で日本映画の記録を超えなきゃいけない。しかも、その時点でのジブリの最高記録は『紅の豚』の28億円。一気に2倍以上の売り上げをあげなきゃいけないわけです。そんなことができると考えるほうが、むしろ非常識ですよね。

でも、「何とかなる！」と思っちゃったんです。なぜかというと、あのころの僕はとにかくムシャクシャしていたからです。

じつは当時、ジブリの母体の徳間書店のほうで不良債権問題が持ち上がっていました。徳間康快という人はとにかく豪快な人だったから、「金は銀行にいくらでもある」と言って、借金に借金を重ねて事業を拡大し続けてきました。ところが、折悪しくバブルが崩壊。徳間書店は経営危機に陥りました。そこで局長たちが会合を開くことになって、僕も呼ばれます。グループの中ではジブリの経営がいちばんうまくいっているということもあったんでしょう。僕が中心になって不良債権問題にあたるということになりました。

銀行と話しあいを重ね、徳間康快に報告し、スタジオに帰ってくれば、制作をめぐる難題が山積している……。「とにかく前に進むしかない！」という心境だったんです。

熱海合宿と、「宣伝費＝配給収入」の法則

僕がまず考えたのは、宣伝の物量をこれまでの2倍にすることでした。そのためには、宣伝に関わる製作委員会、東宝宣伝部、メイジャーに全力で働いてもらわなきゃいけない。

そんなとき奥田さんが、「みんなの気持ちをひとつにするために、合宿をしましょう」と提案したんです。これには僕も大賛成。さっそく熱海にある日本テレビの保養施設に一泊二日で出かけることになりました。

集まったのは、徳間書店、日本テレビ、電通の担当者たち、東宝の宣伝プロデューサ

ーの矢部ちゃんこと矢部勝さん、メイジャーの面々、そしてジブリの制作担当。時間を気にすることなく、思う存分、徹底的に議論することができました。

そのとき僕が打ち出したのが、「宣伝費＝配給収入」の法則でした。

じつはそのころ、これまでの作品の収支の数字を見ていて、ふと思ったんです。かけた宣伝費に対して、興行成績が比例しているんじゃないか？

そこで、新聞広告やテレビスポットなどの直接的な宣伝費に加え、タイアップやパブリシティ、イベントなど、間接的な宣伝の効果も一つひとつ金銭換算してみることにしました。すると、『紅の豚』なら配給収入と同じ28億円、『ぽんぽこ』なら26億円、『耳をすませば』は18億円ぐらいの額になることが分かったんです。

つまり、60億円の配給収入をあげたいなら、60億円の宣伝をすればいい。そう説明すると、最初はみんなポカーンとしていました。そこで、具体的な項目をホワイトボードに書きだしました。

・配給宣伝費5億円（※最終的に10億円まで膨れあがった）
・製作宣伝費2億円

・日本生命とのタイアップ8億～10億円（※最終的に12億円相当。ジブリ史上最大のタイアップ）
・『トトロ』『耳をすませば』のビデオ販売プロモーション
・新聞＝読売新聞の特別協力、スポニチの半年連載
・テレビ＝日本テレビ（スーパーテレビ特番）、ネット局、ＮＨＫスペシャル
・出版＝講談社27誌連合1万人試写会、徳間書店
・音楽＝徳間ジャパンコミュニケーションズによるレコード店フェア
・イベント＝髙島屋
・パブリシティ

これらの宣伝手段のすべての効果を金銭換算して積み上げていく。

たとえばタイアップであれば、ＧＲＰ（グロス・レイティング・ポイント）という広告の効果測定法を使って、露出量と宣伝費換算の金額を電通に計算してもらう。全国キャンペーンで受ける取材、イベントの効果、パブリシティの露出量なども、一項目ずつすべて算出する。

それが60億円になるまでがんばって、なおかつ宣伝の方針に間違いがなければ、必ず配給収入も60億円になる――そうやってみんなを説得したんです。

数字を読む力

なぜそんなことを思いついたのかと聞かれても、自分ではよく分かりません。ただ、昔から数字を見て、あれこれ考えるのが好きだったのはたしかです。子どものころは毎朝、プロ野球の結果を新聞でチェックするのが日課でした。ファンだった中日ドラゴンズの選手はもちろんのこと、セ・リーグ、パ・リーグの打者20傑の成績を打席、打数、安打、ホームラン、打点、得点、ぜんぶ覚えていたんです。誰が何厘上がった、下がったということもすべて諳《そら》んじることができました。その習慣は中学まで続くんですけど、数字に強くなったのは、あのころの訓練の賜物《たまもの》かもしれません。

編集者時代は、雑誌の部数を毎月ほぼ正確に予測して、返本率を1割以内に収めていました。本や雑誌は再販制という仕組みの中で流通しているので、本屋さんが売れ残りを出版社に返品することができます。たくさん刷りすぎて返品が多くなると、出版社は赤字になってしまう。そこで、「今月の特集はこれぐらい売れそうだから、何万部にしよう」という〝読み〟が重要になってくる。雑誌で返本率を1割以内に抑えるというのは、かなり難しいことなんですけど、僕は「アニメージュ」でほぼ毎号、読みを当てて、1割を切っていました。

大きな声じゃ言えませんが、出版界にはギャンブル好きが多くて、僕が若いころ、徳間書店ではチンチロリンが流行っていました。これも僕はほとんど負けたことがない。それぞれの性格と、目の出方、お金の流れをしばらく眺めていると、だいたいパターンが読めてくる。ただし、あんまり勝つと問題になるから、ぼちぼちのところで抑えていました。

じつは『ナウシカ』を映画化できたのも、チンチロリンのおかげなんですよ。まずは社内で企画を通すために、宣伝部長を説得しなければならなかったんですけど、正面から行っても難しそうだった。そこで僕は同僚の亀山修といっしょに、部長をチンチロリンに誘いました。サイコロを振っている間、ずっと『ナウシカ』の話をしながら、気持ちよく勝ってもらうことに専念しました。一晩やって、結果は部長の一人勝ち。翌日、部長はさっそく博報堂に行って、企画の相談をしてくれました。そこから、具体的な話が動き出していくんです。

もちろん映画の興行成績と雑誌の部数は別物です。ましてやギャンブルと比べるのは不謹慎かもしれません。ただ、数字を読んで勝負するという面では、本質的には共通しているような気がします。

難産だった「生きろ。」というコピー

宣伝費をいくら積み上げても、宣伝の方針が間違っていたら意味がありません。その映画をどうやって世の中に伝えていくか——最初に方向性を決めるのがキャッチコピーです。

以前、ジブリの新聞広告をまとめた本、『ナウシカの「新聞広告」って見たことありますか。——ジブリの新聞広告18年史——』を作ったとき、糸井重里さんがこんな文章を寄せてくれました。

《ジブリ映画のコピーには、普通とちがった方法論がある。映画（つまり製品、商品がこれだ）が完成する前に、コピーができているというのが、他の商品広告との何よりのちがいだ。

シナリオというものを、ぼくは見たことがない。あるのは、宮崎さんや、高畑さんが

映画制作に入る段階で関係者に配られる「企画書」だけである。そこには、制作の意図やら、世界観の切れ端やらは記されているのだけれど、どういうお話になるのかについては、「おおよそ」のところしかわからないのだ。しかも、わからないのはぼくだけでなく、誤解をおそれずに言えば、作者の宮崎駿さん自身さえも、だったりするのがスゴイところだ。（中略）

「絵コンテ」の束が、3回か4回届けられたころに、鈴木敏夫プロデューサーから連絡がくることになっている。

「そろそろ、コピーのほうはいかがでしょうかねぇ」（中略）この「鈴木リクエスト」のプレッシャーは、なかなか大きいものだ。理由は単純だ、商品がぼくの目の前にないからだ。

ただ、いますぐ売れるような商品がそこになくても、コピーを書くことはできる。それは、こんなふうに説明できるかもしれない。

ある馬と、別の馬とをかけあわせて生まれた馬が、どの牧場に預けられて、どんな騎手が乗るかをわかっていたら、レースのイメージができるというようなものだ。しかも、その馬主は、どんな馬に育てたいか、どんなレースをしたいのかについては、すでに語ってくれているのだ。

そいつを、見える言葉にしてみせるのが、ぼくの仕事だということになる。ぼくが、コピーを考え始めるころには、おそらくスタジオジブリにいて、絵をかいたり色を塗ったり、動きを考えたりしているスタッフたちは、うすうすと「この映画」がどんなものであるかについて気づき始めているのだと思う。そいつを、「こういうことでしょう」と提示するのが、ぼくの仕事というわけだ。

普通、広告のコピーは、お客さんに見せるためにつくるものだ。しかし、「ジブリスタイル」の仕事の場合は、自分たちが「こういうことなのね」と、旗印にするための言葉として最初に機能する。その旗を、のちにお客さんたちにも、パタパタと翻らせて見せるのである。》（抜粋）

最初は無意識にやっていたんですけど、僕が糸井さんといっしょにやってきたのは、まさにそういう仕事だったんです。制作する人、宣伝する人、興行する人が、その作品の本質を理解し、一致団結してひとつの方向に向かう。そのための旗印がキャッチコピーだった。だからこそ、それを決めるのはいつも難しい。とくに『もののけ』のときは難産でした。

糸井さんとは数え切れないほどファクスのやりとりをしました。僕は、宣伝の方針を考えるとき、何度も絵コンテを読み直します。そこで気になった絵と言葉をノートに引き写していくんですが、その中から糸井さんがコピーを作るときの参考になりそうなものを送っていく。それをもとに糸井さんが考えてくれたコピーを宮さんと検討し、フィードバックを糸井さんに伝える。それを延々と繰り返した挙げ句、出てきたのが、「生きろ。」という非常にシンプルなコピーでした。

僕はこれしかないと思った。

バブルの崩壊、阪神淡路大震災、オウム事件……。世の中がどんよりとした不安に覆われ、みんなどこか神経症的になっていた時代です。誰かが「生きろ。」と言い切らなきゃいけない。それぐらい強い言葉が必要だと、僕は思ったんです。

6時間40分のメイキング映像と4分15秒のプロモーションビデオ

『もののけ姫』ではありとあらゆる宣伝手法を使いましたが、メイキング映像もいままでにないものを作ろうと考えました。

これまで日本テレビの特番で流すために作っていたメイキング映像は、尺もそれほど長くなかったし、取材も数日で終わっていました。でも、今回は本気でドキュメンタリーを撮りたかった。そこで、番組制作会社・テレビマンユニオンの浦谷年良《うらたにとしろう》さんというディレクターにお願いすることにしたんです。

この人もやるとなったらとことんやる人で、1年半の間、毎日のようにジブリへ通い詰めて、何百時間もカメラをまわしました。制作現場だけじゃなくて、宣伝の現場も取材し、先の熱海合宿の様子も撮影しています。それを1時間に凝縮して、まずは日本テレビで特番を放送。さらに公開翌年には、『「もののけ姫」はこうして生まれた。』という3巻組、合計6時間40分にも及ぶビデオパッケージにして発売しました。

メイキング映像というのは、どんな映画でも作っていましたけど、たいていはビデオの特典として付ける〝おまけ〟です。映画本編の3倍もの長さの映像は前代未聞。新しい試みでした。これ以降、ジブリ作品では長期密着取材が定番になっていきます。

映画館で流す予告編も、このときは異例の長さになりました。予告編というのは、普通1分30秒から、長くても3分です。ところが、このときは営業用に作った4分15秒もあるプロモーションビデオを予告編に使うことになりました。

きっかけは、全国の映画館主に新作を紹介するために行った「東宝宣伝キャラバン」

でした。「宣伝キャンペーン」というのは、実際に完成した映画を引っ提げて、監督やキャストとともに各地をまわり、試写会を開いたり、メディアの取材を受けるものです。それに対して、「宣伝キャラバン」のほうは、簡単にいうと配給会社による営業活動です。たとえば、メーカーが新製品を開発したら、営業マンが販売店をまわってPRしますよね。映画でも同じことをやるんです。北海道、関東（東北を含む）、中部、関西（四国を含む）、九州、各地区ごとに、映画館主たちに集まってもらって、「こういう映画なので、ぜひみなさんの映画館でかけてください」と売りこむわけです。映画館主たちはそれを聞いた上で、当たりそうかどうかを値踏みし、かける映画を決めていく。シネコンが主流になるにつれて、こういうセールスもだんだん内実を失っていくんですが、当時はまだこのやり方が生きていました。

そこで僕は何を話したか？　各地区の土地柄に合わせたセールストークをしたんです。たとえば、北海道ならこんな具合です。

「じつは『もののけ姫』という映画は、蝦夷の地から始まるんですよ。アイヌの文化も描かれます。北海道のみなさんにとっては、非常に親近感が感じられるんじゃないでしょうか」

関西なら「この映画には、鉄を作る〝タタラ場〟が出てきます。昔のタタラ場といえば島根が有名ですよね」と言う。九州へ行けば、「物語の舞台となる森は、鹿児島の屋久島を参考にしています。宮崎駿は屋久杉の森が大好きで、ロケハンにも行きました」と話す。ぜんぶご当地映画にしていったんです。

最後は中部地区だったと思うんですけど、名古屋には映画と関係するネタがひとつもない。そこで「私、鈴木敏夫は名古屋の出身でございまして、根っからのドラゴンズ・ファン。そういう意味では、ご当地映画のひとつと言えなくもないんじゃないでしょうか」と言って笑いをとった。

そうやって親しみを感じてもらえば、上映するときも館主のみなさんが力を入れてくれる。興行を成功させるには、そういう細かい努力も大切なんです。

そのキャラバンのときに流していたのが、4分15秒のプロモーションビデオでした。北海道へ行った際、映像を見た女性のシネコン支配人が、「質問があります」と手をあげました。

「このプロモーションビデオを予告編として映画館でかけさせてもらえないでしょうか。これを見れば、お客さんも本編を見たくなると思うんです」

思いがけないアイデアでした。予告編としてはありえない長さだったんですが、こちらとしてはありがたい話です。さっそく東宝と相談したところ、希望する映画館では流してもいいということになった。大作感を伝えるという意味では、このロングバージョンの予告編はすごく効果があったと思います。

もちろん、通常の予告編も作ったんですが、それもいままでとは違う考え方を試しました。それまでのジブリ映画の予告編というのは、ひとつの印象的なシーンを長く見せるという方針で作っていました。というのも、普通の映画の予告編には、短いカットを積み重ねて、あんなシーンもある、こんなシーンもあると、盛りだくさんで見せていくものが多い。その中で、ワンショットを長く見せる予告編があれば、お客さんの印象に残ると考えたからです。

でも、『もののけ姫』では、いままでのジブリ作品とは違うイメージを打ち出したかった。それで予告編もガラッと変えたんです。ずっと予告編の編集をしてくれている板垣恵一さんに相談してみました。

「板さん、今回はいままでとは真逆に、できるだけたくさんのカットを入れようと思うんですよ。30秒で30カット入れたらどうなるかな?」

そしたら彼も、「おもしろいですね。やってみましょう」と乗ってくれた。

結果、アクションシーンが立て続けに流れて、武士の首や腕が飛ぶ、インパクトのある映像ができあがりました。この予告編は話題を呼ぶと同時に、「いままでのジブリのイメージとあまりにも違う」「残酷すぎるんじゃないか」と物議を醸《かも》すことになります。

『もののけ姫』を〝映画界の野茂〟にする

合宿のところで紹介した宣伝プランの中に、「『トトロ』『耳をすませば』のビデオ販売」という項目があります。これは過去の作品をビデオ化する際のプロモーションを、新作『もののけ姫』の宣伝に活用するということです。

それまでジブリ作品のビデオは徳間ジャパンコミュニケーションズから出していたんですが、販路を広げるためにライセンスを外部の業者に開放することになりました。

そこで登場したのが、ブエナ・ビスタ・ホーム・エンターテイメント（ＢＶＨＥ）の星野康二さんでした。ＢＶＨＥというのは、ディズニーのホームビデオ部門の当時の社名です。

いろんな会社から申し出を受けて、みなさんすごくいい条件を出してくれました。Ｍ

G（ミニマム・ギャランティ。ライセンス料の最低保証額）が数億円、ロイヤリティは定価の35%といった高い数字を提示してきたところもあります。そんな中で、BVHEは極端に低い条件を提示してきたんです。初めて星野さんに会ったとき、僕はびっくりしました。

「私たちは日本でディズニーのビデオ部門を立ち上げて、おかげさまでいまのところ非常にうまくいっています。ただ、販売がもう頭打ちになっていて、売り上げを伸ばすために、どうしてもジブリの作品がほしいんです」

他の会社の人たちがジブリ作品の素晴らしさを語ったのに対して、星野さんはひたすら商売のことだけを話しました。僕はあきれると同時に、この人は何を考えているんだろうと興味が湧きました。いろいろ聞いてみると、BVHEは営業担当を百人単位でそろえ、販売力で他社を圧倒していることが分かりました。条件は低いけれど、ここに任せれば間違いなく売れる。そう思いました。

それと同時に、僕の頭の中で閃《ひらめ》くものがありました。

当時、スポーツ界では野茂英雄がアメリカに渡って、メジャーリーグで大活躍。日本でも野茂フィーバーが起きていました。日本人には、「世界、とくにアメリカで活躍する日本人」を無条件で応援したくなる気質があります。それは映画にも応用できるはず。『もののけ姫』が映画の本場、アメリカに挑戦すれば、野茂のようなブームが起こせるんじゃないか――。

そこで、僕は試しに交換条件を出してみることにしました。

「ビデオのライセンスを渡すかわりに、ディズニーの力で『もののけ姫』を全米公開してくれませんか？」

そしたら、星野さんは即答したんですよ。

「分かりました。やります」

星野さんの立場はあくまで日本支社の責任者。普通だったら、「アメリカに聞いてみます」と言って、話を持ち帰るところです。

「ほんとにできるんですか？　小さい劇場でちょこっとやって、ごまかそうとか思ってませんか？」

僕が鎌をかけても、彼は「いや、そんなことはありません。ちゃんとやります」と断言する。それで僕は「この人は信用できる」と思ったんです。

その後、交渉を進める中で、話が発展していき、ウォルト・ディズニー・カンパニーと徳間書店との提携が決まりました。そして1996年7月、大々的な記者会見を開くことになったのです。そこでは三つのプロジェクトを発表しました。

①『もののけ姫』の世界配給をディズニーが行う。配給先はアメリカ、ブラジル、フランス、ドイツ、イタリアなど。

②スタジオジブリのこれまでの作品をディズニーが世界配給する。対象は『風の谷のナウシカ』『天空の城ラピュタ』『となりのトトロ』『魔女の宅急便』『おもひでぽろぽろ』『紅の豚』『平成狸合戦ぽんぽこ』『耳をすませば』の8作品。

③徳間グループの大映が製作した『Shall we ダンス?』（1996年／周防正行監督）の世界配給を、ディズニー傘下のミラマックスが行う。

これをきっかけにジブリ映画は世界に広まっていくわけですけど、僕としては「世界に進出しよう」なんて考えは、これっぽっちもなかったんですよ。僕が考えていたのはあくまで国内興行です。「全米公開」はそのための宣伝手段にすぎなかった。

BVHEから売り出された『となりのトトロ』のビデオは、いきなり120万本出荷されました。その中にすべて『もののけ姫』の予告編が入っていたので、単純計算で120万人が予告編を見たことになります。

ちなみに、1998年には『もののけ姫』もビデオ化されて、330万本という初回出荷の新記録を打ち立てることになります。

星野さんとはその後もいっしょに仕事を続け、2008年からはジブリの社長になってもらっています。人間の縁って、つくづく不思議ですね。

話題を呼んだ〝カウンターテナー〟米良美一の主題歌

『もののけ姫』の宣伝で、もうひとつ忘れちゃいけないのは、日本生命とのタイアップです。ジブリの方針を理解してくれて、「ニッセイは映画『もののけ姫』に特別協賛しています」という形でイメージ広告を展開してくれました。テレビスポットは、映画のワンシーンを思わせる森の中で、絵コンテのページがフワッとめくれていき、「愛といのちの物語を大切にしたいとニッセイは思います。」というメッセージが流れるというもの。印象的なCMでした。

日本生命との交渉を担当したのは、このときから製作委員会に加わった電通の福ちゃんこと、福山亮一さん。彼はほんとにがんばってくれて、その後のタイアップでも毎回、一所懸命やってくれました。すべて終わって、打ち上げをやったときに、福ちゃんが僕のところへ来て、あらたまって言うんです。

「今回は本当に鈴木さんに助けてもらいました。鈴木さんが日本生命の本社に3度も足を運んでくれたのが効きました。あれがなかったら、このタイアップはだめになっていたと思います」

「ああ、そんなこともあったね」と答えはしたものの、僕は1回しか行った覚えがない。記憶が飛ぶぐらい、毎日あっちに行ったり、こっちに行ったり、とんでもないスケジュールで動いていたんです。

ニッセイのCMでは、米良美一さんが歌う主題歌「もののけ姫」が流れました。男性が女性のような高い声で歌う〝カウンターテナー〟であることも手伝って、かなり話題を呼びました。ただ、あれは宣伝を考えた起用というわけじゃないんです。米良さんに主題歌をお願いするというのは、宮さんの案でした。

そもそも宮さんや高畑さんは、映画の公開前に主題歌を世の中に出すのは好きじゃない。歌を事前に知っていて、それが映画の中に流れるというのは本末転倒。映画館に来て初めて聴いて感動を味わってもらいたいという考え方です。だから、これまで歌を前面に出すという宣伝はあまりしてこなかった。

でも、このときは宮さんの了解を得て、歌を使ったプロモーションをやっていきました。といっても、始動が遅かったので、最後の駄目押しという感じです。

声優陣も森繁久彌さんや森光子さん、美輪明宏さん、田中裕子さん、石田ゆり子さんなど、錚錚《そうそう》たる顔ぶれが並んで話題になりましたけど、これも宣伝効果を狙ったわけじゃありません。大作だから、それにふさわしい役者さんにやってもらいたい——宮さんの考えを尊重した結果です。

映画プロデューサーというと、宣伝に使えるものは何でも使う、手段は問わないと見られがちですが、やっぱりどこかで線は引かなきゃいけない。あくまで映画の内容が第一。全力で宣伝するといっても、手段は選ばなきゃいけないと思います。

宣伝総力戦、自ら矢面に立つ

制作の終盤、宮さんが描きあげた絵コンテを読んで、僕はストーリーの一部変更を提案しました。ひとつはエボシ御前を殺すこと（最終的には腕がもぎ取られるにとどまりました）。もうひとつはタタラ場を炎上させることです。それによって、２時間ちょうどだった尺が、２時間13分まで延びることになってしまいました。ただでさえ押していたスケジュールは完全にパンク。宮さんは絵コンテを直しながら、原画をチェックし、音楽の打ち合わせに出て、アフレコの演出もしなきゃいけない。公開に向けて宣伝も本格化していますから、テレビ、新聞、雑誌のインタビューも入ってくる。我慢強い宮さんも、とうとう爆発してしまいました。

「映画を作って取材も受けて、俺一人でぜんぶできるわけがないじゃないか。取材はプロデューサーが受けるべきだ！」

それまで、僕はずっと黒子に徹して、表には出ないようにしていました。でも、今回ばかりはしょうがない。宮さんの負担を減らすために、僕も取材を受けてしゃべるようにしたんです。

それに乗じて、日本テレビの奥田さんが悪巧《わるだく》みを考えました。奥田さんは毎回、番組用に宮さんのコメントをとるのに苦労していたんですけど、僕なら取材がしやすい。この際、僕をテレビに出しまくることで、知名度を上げようとしたんです。そうすれば、奥田さんとしては仕事が楽になる。それにまんまとはまって、身を売るハメになりました……。

このとき、もうひとつ意識的にやり始めたのが、「スタジオジブリ」という名前を前面に出すことです。

これまで高畑勲、宮崎駿という監督名を前面に出してきたけれども、スタジオ名はそれほどアピールしてこなかった。でも、二人とも歳だし、これからは他の監督で作る機会も増えてくる。そのとき、ジブリという看板が有名になっていれば役に立つだろう――そんなことも考えて、「宮崎駿の最新作」というだけじゃなく、「『となりのトトロ』や『魔女の宅急便』を作ったスタジオジブリの最新作」という打ち出し方をするようにしたのです。

インターネットを積極的に活用するようになったのも、この時期からです。じつは僕自身、コンピュータやインターネットはかなり早くから使い始めていました。ネットサーフィンなんかもよくやっていて、とくにドラゴンズのホームページは毎日欠かさず見ていました。試合後の星野仙一監督のコメントを読みたかったからです。ファンにとっては、新しい情報が日々更新されるということが重要。そのことを肌身で感じていました。

だから、『もののけ姫』のホームページでも、「制作日誌」を毎日更新することにしたんです。ただ、当時はまだ回線のスピードが遅かったから、あえてテキスト中心でモノクロのページにしました。そうすれば毎日気軽にアクセスして、パパッと読める。

そうやってスタジオで起きていることをリアルタイムで追いかけていると、映画制作というものを同時体験している気分になれますよね。僕としてはファンの人に、制作スタッフの一員であるかのように感じてほしかったんです。

スポーツチームのファンもそうじゃないですか。自分をチームの一員のように感じているから、いつも試合結果を気にして、いろんな情報を集める。そういう人が映画の観客にも出てくれれば、ヒットにつながるだろうと考えたんです。

最後にものをいうのは配給・興行力

宮さんは全身全霊をかけて映画を作っている。製作委員会のメンバーは必死で宣伝に取り組んでいる。残るカギは配給でした。僕は劇場のブッキングを担当していた東宝の西野文男専務のもとを訪ねました。

「『もののけ』では本気で60億をめざしているんです」

僕がそう言うと、「そりゃいくらなんでも無理だよ」と西野さんはあきれていました。

「僕が言うのもおこがましいですけど、最終的には小屋の問題でしょう。西野さんが号令をかけてくれれば、全国の館主が動いてくれる。いい小屋を用意できれば、必ずしも不可能な数字じゃないですよね？　何とかやってもらえませんか」

頭を下げて頼みました。西野さんはじっと考えこんでいました。

「今日の明日というわけにはいかない。また話そう」

それから何度も東宝を訪ね、交渉を重ねることになりました。

当時の全国の映画館数は２０００弱。そのうち、たくさんの観客を集められるのは３００館ほど。そこだけで全体の配給収入の半分ぐらいをあげていました。裏を返せば、そういう強い映画館を押さえることができれば、確実にいい数字をあげられるわけです。ところが、このままだと、そういう映画館は『ロスト・ワールド　ジュラシック・パーク』に割り当てられてしまう。それを西野さんの力によって、引っ繰り返してもらおうというのが僕の狙いでした。

数週間、話し合いを続けたあと、西野さんから呼び出されました。

「鈴木さん、60億円は本気なんだな」

「本気です」

西野さんは僕の目を見て、「分かった。一丁やってみるか」と言ってくれました。

「ただ、そのためには、いろいろと調整をしなきゃいけない。鈴木さんのほうで、東宝の社内に声をかけて、会議を開いてほしいんだ」

「僕がですか？」

「東宝は縦社会だから、何かとややこしいんだ。会議を開いてくれれば、あとは俺が何とかする」

それで、僕は東宝の社内をまわって、幹部のみなさんに集まってもらいました。でも、いざ会議に出ようと思ったら、西野さんは「ありがとう。鈴木さんはもういいよ」と言うんです。仕方がないので、僕は外で待っていました。

後に、その会議に出席していた方から聞いたところによると、もうひとりの専務である堀内實三さんが、西野さんの提案に反対したといいます。ラインナップを決めるのが仕事の堀内さんは慎重な方だから、「『もののけ姫』に懸けて大丈夫なのか。内容も難しい映画だろう」とおっしゃった。

そこで西野さんが名台詞をはいた。

「映画は頭で見るんじゃない。腹で見るんだ！」

その一言で会議の流れが一変したそうです。僕から見ても、あのころの東宝には率直に意見をぶつけ合ういい雰囲気がありました。

その結果、東宝の社内は、「夏の興行は『もののけ姫』を中心に編成する」という方向に傾いていきます。最終的には、全国259館で拡大封切り、客席数は7万5000席を用意してもらえることになりました。1日4回上映するとして30万人のキャパシティ。最高の態勢でした。

宣伝の仕上げは全国キャンペーンです。6月下旬から7月12日の公開に向けて、過去最大規模で敢行しました。訪れた都市はなんと26カ所。普通、映画のキャンペーンでは行かない地方へも、積極的に足を運びました。「そんなことをやって何の意味があるんだ。費用もかかるし、やめておけ」と言う人もいました。でも、結果と照らし合わせると、やっぱりキャンペーンで行った街ではお客さんの入りがいいんですよ。

ただ、ものすごい強行軍が続いたので、宮さんは疲労困憊《こんぱい》。ついに高知でダウンしてしまいました。「大丈夫ですか」と様子を見に行くと、ベッドに横たわったまま、マジックで自分の似顔絵を描いています。それを僕に渡して、「鈴木さん、これをかぶって、俺のかわりに明日の舞台挨拶に行ってくれ……」と言うんですよ。さすがにそれ以降、宮さんに受けてもらう取材は厳選するようになりました。

そんな僕らのがんばりを見た地方興行のボスたちもがんばってくれました。とくに忘れられないのは、中部興行の虎岩美勝さんと、東宝関西興行の前田幸恒さん。映画興行の表も裏も知り尽くした〝興行師〟たちが、「何とかしちゃる」と動いてくれた。彼らが本気になるかどうかで興行成績は大きく変わるんです。

映画がフィロソフィーを語る時代

こうしてすべての要素をそろえてもなお、『もののけ姫』という作品に懐疑的な人はいました。そこで、関係者向けの試写はぎりぎりまで引っ張ることにしました。内容について議論が巻き起こることは分かりきっていたからです。そのせいで、せっかく組んでもらった興行態勢が引っ繰り返されてしまっては元も子もありません。

実際、試写の反応は芳しくありませんでした。

「子どもが見るには難しすぎる。10億円行かないんじゃないか」

そんな意見も出ました。

制作中から細かい問題はいろいろと指摘されてきました。たとえば、日本テレビではハンセン病や非人と思しき人々が出てくることが問題になりました。考査部門が差別問題の観点からテレビで放送できない可能性があると言ってきたんです。電通も、スポンサー探しに支障が出るとクレームをつけてきた。

東宝では、新聞広告第一弾の「人はかつて、森の神を殺した。」というフレーズが問題になった。宣伝プロデューサーの矢部ちゃんは、「東宝の映画の宣伝で〝殺す〟という言葉は使ったことがない」と反対していました。そのことで朝まで議論したのを覚えています。

武士の首が飛ぶシーンを予告編に使ったのも物議を醸しました。これには宮さんも、「映画が誤解される」と怒っていました。でも、僕の発想は逆でした。そういう残酷なシーンを先に見ておいてもらえば、お客さんも覚悟をもって映画館に来てくれるだろうと考えたんです。

もちろん、本編をきちんと見てもらえば、けっして暴力的でも差別的でもないことが分かると思うんですけど、抗議行動などが起きる可能性もなくはない。だから、あらかじめ手を打つことにしました。歴史学者の網野善彦さんに試写を見てもらい、パンフレットに解説を書いてもらうことにしたんです。網野さんは喜んで引き受けてくれました。

「かつての日本はまさにこういう世界だったんです。僕ら学者が訴えてもなかなか世間の人には伝わりませんが、この映画が公開されれば、僕らの研究にも光があたります」

じつは、「生きろ。」というコピーの評判も、最初は悪かったんです。「こんな哲学的なコピーじゃ、子どもには分からない。女性も来ないよ」と言われました。

でも、僕は「これで行くしかない」と思っていました。映画にも哲学的なメッセージが必要な時代だと考えていたからです。

僕の頭にあったのは、高畑さんが教えてくれた『スター・ウォーズ』（1977年）のプロデューサー、ゲイリー・カーツの言葉でした。

――かつてハリウッド映画の最大のテーマは〝ラブ〟だった。しかし、『スター・ウォーズ』の登場で歴史は変わった。〝フィロソフィー〟がテーマになったんだ。もし、大衆的なレベルでの哲学を提示する作品が出てくれれば、それが次の時代のヒット作になるだろう。

僕は子どものころから、ありとあらゆる種類の映画を見てきました。ジブリで映画を作るようになってからは、いつも「時代のテーマは何か」ということを考えてきた。そうやって経験を重ねるうちに、カーツの言わんとしていることが、よく分かるようになってきました。

『もののけ姫』という映画がフィロソフィーをテーマにしているなら、その宣伝コピーも哲学的であるべきだと考えたんです。つまり、「生きる」「死ぬ」という根源的な問題を問いかけるということです。

徳間書店は不良債権問題を抱えている。映画の内容については、さまざまな反対意見や問題が持ち上がっている。この窮地を突破する方法はただひとつ、ヒットしかない――僕はそう考えていました。

公開前夜、日劇プラザ（現・TOHOシネマズ日劇）があった有楽町マリオンへ様子を見に行くと、徹夜組の若者がすでに行列を作っていました。それを受けて、東宝の西野さんは、初日の上映時間を繰り上げることを決断。追加でフィルムをプリントして、日劇プラザに加えて日劇東宝でも上映し、舞台挨拶の時間も早めることになりました。

朝6時すぎに有楽町マリオンへ行くと、2300人の大行列ができていました。7時半から上映を開始すると、立ち見も含めて場内は超満員。それでも外の行列はいっこうに減りません。地方からも、続々と超満員の報告が入ってきます。『もののけ姫』を見に行くということは、もはや〝イベント〟になっていました。

最初の1週間で観客動員は110万人。16日間で260万人。目標だった邦画の配給収入記録59億円はあっという間に超え、洋画も含めた日本での映画配給の最高記録、『E.T.』（1982年）の96億円も4カ月で突破。1年にわたるロングランの末、観客数1420万人、配給収入は113億円（興行収入に換算すると193億円）という記録を打ち立てます。

ヒットさせようとあらゆる手を打ってきて、裏付けも、確信もありました。でも、さすがにここまでの数字は想像もしなかった。

メディアでは「宮崎アニメの集大成」と言われましたけど、僕はそう思っていません。集大成というなら、空を飛ぶシーンを含め、得意技をすべて使った映画を作るはずです。ところが、宮さんはそれらをすべて封じて、新しい表現に挑戦した。そのせいか、大きなテーマを掲げながら、それを消化できないもどかしさが感じられます。その一方で、新人監督の作品のような荒けずりな勢いと、初々しい魅力もある。ある意味、未熟な映画だったことが、人々を惹きつけたんじゃないかと思っています。

『もののけ姫』という映画は、ヒットを超えて社会現象になり、いろんな人がブームの理由を分析しました。でも、要因はひとつではないんだと思います。制作も、宣伝も、配給・興行も、すべての分野でみんなが全力を尽くした。その結果、想定を超えることが起きた。そういうことじゃないでしょうか。

【東宝宣伝プロデューサーの視点①　矢部勝】

僕が宣伝プロデューサーを務めたのは、『平成狸合戦ぽんぽこ』『耳をすませば』『もののけ姫』の3本ですが、『もののけ』はいま振り返っても大変でした。鈴木さんも、顔つきからして違うんですよ。はっきりいって、あのときの鈴木さんは怖かった。

宣伝の作業がはじまって間もなくのことです。鈴木さんから新橋のヤクルトホールの喫茶室に呼びだされました。ポスター案がデザイナーから2案あがってきて、僕が迷っていたので、そのことかなと思ったんです。ところが行ってみると、鈴木さんが深刻な顔つきで煙草を燻《くゆ》らせていました。横には日本テレビの奥田誠治さんが神妙な顔つきで座っています。

僕が席につくなり、鈴木さんは低くドスのきいた声で言いました。

「矢部ちゃん、やる気がないなら、宣プロおりてくれ」

あまりの迫力に二の句を継げないでいると、「俺と仕事したくないと思っているでしょう。前からそう思っているのは分かっている」と畳みかけてきます。自分としては、これまでの2本は精一杯がんばってきたつもりだし、『もののけ』も、さあ、これからというときです。なんでそんなふうに言われるのか、まったく分かりませんでした。結局、その場では何も言い返せなくて、とぼとぼ会社まで歩いて帰りました。

翌日、僕が悩んでいると、奥田さんが東宝の試写室にやってきました。たぶん、僕の様子を見に来てくれたんですね。「どうすればいいんだろう?」と相談したら、「すぐ鈴木さんのところへ行って話をしたほうがいいよ」とアドバイスしてくれました。

そこで、僕はすぐにジブリへ行って、自分がこれまで考えてきたこと、『もののけ』の宣伝はぜったいにやりたいと思っていることなど、心の内を正直に話しました。たしかレポートも書いて持っていった覚えがあります。

そうしたら、鈴木さんはニヤリと笑って、「矢部ちゃん、ちょっと頭よすぎるな」

と言いました。当時は真意がよく分からなかったんですけど、いま思えば、『もののけ』で大勝負に出るにあたって、僕に宣プロとしての覚悟を求めたんだと思います。

ジブリの宣伝チームの特徴は、とにかく徹底的に話し合うことです。『もののけ』のときは、奥田さんの発案で日本テレビの寮へ行って、泊まりがけの宣伝会議を開きました。鈴木さんは、製作委員会のメンバーから、メイジャーのスタッフまで、宣伝関係者一人ひとりの意見を丹念に聞いていきました。絵コンテを読んだ感想では、ネガティブな意見も出ます。そうやっていろんな人の話に耳を傾けながら、「この作品は何なのか」ということをみんなで考えていくんです。

もちろん、鈴木さんの中では、ある程度まで答えは出ているんだと思います。それでも、必ず自由に話をさせるところから始める。そして、徐々にみんなの考えをある方向に導いていく。いろんな会社から人が集まっているし、観客動員、配給収入の目標もとてつもなく高いですから、そうやって意思統一をしていかなきゃいけなかったんだと思います。

宣伝費と広告効果をすべて足した額が配給収入になるという法則も、みんなを納得させるための材料のひとつだったんじゃないでしょうか。60億円が目標と言われても、普段扱う映画のスケールをはるかに超えちゃっているので、最初は現実感がなかったんですよ。だけど、「宣伝費がいくら、タイアップがいくら」と具体的に書きだして、「これだけやれば60億円行くよ」と言われると、「たしかに行けるかもしれないな……」と思えてくるから不思議です。

全国キャンペーンの規模も、ジブリの場合は破格ですね。『もののけ』のときは全国26カ所。ここまでやる映画はまずありません。

僕は東京で全体の差配をして、現場に同行するのは同僚の伴田雄輔に任せていたんですが、四国をまわっているとき、その伴田からSOSの電話がかかってきました。

「鈴木さんが呼んでます。ものすごく怒ってますよ。すぐに来てください！」

僕は慌てて飛行機に飛び乗り、松山へ向かいました。ともかく謝ろうと思って、現場に着くなり、「すみません！」と頭を下げました。でも、鈴木さんは「矢部ちゃん、何しに来たの？」と飄々としています。狐につままれたみたいで、わけが分からなかったですけど、翌日、高松へ移動している間に、事情が分かってきました。

鈴木さんというより、宮崎さんが怒っていたんです。取材やイベントを詰め込みすぎていたのに加えて、行く先々で同じことを何度も聞かれて、さすがの宮崎さんも限界に達してしまった。そもそも、スケジュールを組んだ張本人が来ていないとはどういうことだ！　というわけです。

「もう宣伝はやめる！」とおっしゃるから、「それだけはご勘弁ください」と平謝りして、監督本人に登場していただく取材は最小限に絞り込みました。もともとサービス精神は旺盛な方なので、そのあとの取材は快く引き受けてくださいました。

キャンペーンで地方に行くと、一昔前までは飲めや唄えやの大騒ぎで、大変だった時代もあったようです。でも、ジブリのキャンペーンは非常に地味でした。宿泊はビジネスホテルで、お酒も飲まないし、遊びにも行かない。せいぜいパチンコをやるか、ラーメンを食べに行くぐらいです。随行する宣伝マンとしては、非常にありがたかったですね。

それまでの映画の宣伝というのは、僕らのような配給会社の宣伝マンがほぼ一人でやっていました。与えられた宣伝費の範囲内で宣材を作り、広告を打つ。コピーも自ら考えていました。鈴木さんは、そこにタイアップを採り入れ、糸井重里さんというプロのコピーライターを連れてきて、メイジャーのような外部の会社も使って、非常に贅沢な態勢を築きあげていった。後にも先にもここまでの宣伝態勢をとったのは、日本映画ではジブリだけだと思います。

矢部勝（やべ　まさる）　１９５９年、新潟県生まれ。１９８３年、東宝に入社。１９９７年まで宣伝プロデューサーを務め、２００３年に宣伝部長。２００５年、東宝アドへ出向し専務取締役営業統括。２０１５年、東京現像所代表取締役社長に就任。

第4章

時代との格闘

『ホーホケキョ となりの山田くん』（1999）
『千と千尋の神隠し』（2001）

映画とプロパガンダ

僕に映画プロデューサーの心得を最初に教えてくれたのは高畑さんです。高畑さんの考えは、「宣伝というものは、映画の内容から外れていなければそれでいい」というものでした。僕も最初はそれに従ってやってきました。

でも、高畑さんや宮さんが求めるクオリティで作品を作り続けるには、かなりの予算が必要になります。使った制作費を回収するには、大規模な宣伝を行い、映画をヒットさせなければなりません。しかも、基本的に劇場用長編しか制作しないジブリのようなスタジオを維持するには、切れ目なくヒットを続ける必要がある。

そうやって無我夢中で突き進んできたひとつの到達点が、『もののけ姫』でした。興行の関係者は喜んでくれたし、宣伝をがんばってくれたみんなも達成感を味わったと思います。僕としても制作費を回収できたことにはホッとしました。

でも、「日本記録を作ってうれしかったか？」と言われると、そうでもないんです。格好つけて言っているわけじゃなくて、ブームの渦中にあっても、僕は意外なほど冷静でした。

当時、配給会社の20世紀フォックスに古澤利夫さんという名物宣伝マンがいました。『もののけ姫』のロングランが続いていた秋、彼は年末に公開される大作『タイタニック』（１９９７年）の宣伝を必死にやっていました。狭い業界だから、いろんなところで会うんですけど、そのたびに「鈴木さん、抜くから」って言うんです。そのたびに僕は「どうぞ、どうぞ」と言っていました。

二人とも名前がトシオなので、関係者は「トシオ戦争」と言っておもしろがっていましたけど、正直、僕は記録に興味はなかった。翌年、『タイタニック』が配収１６０億円で日本記録を更新したときも、僕は「映画界が盛り上がってよかった」と思いました。

つまり、僕の目的はヒットそのものにあったわけじゃないんです。制作費を回収しなければ、次の映画が作れない。だから、宣伝を一所懸命やる。第一義はあくまで作ることなんです。

だから、ヒットメーカーのように言われることは本意じゃありません。宣伝は必要に迫られてやってきたことであって、そこにはある種の二律背反が生じます。その点について疑問を突きつけてきたのも、やはり高畑さんでした。

高畑さんは昔、映画の予告編を自ら作っていたぐらいで、自分の作品がどういう形で世の中に出ていくかについては、かなり気にするタイプの監督です。だからこそ、『ナウシカ』『ラピュタ』をプロデュースしたとき、宣伝が作品の内容に侵食してこないように注意を払ったんだと思います。

その後、僕が宣伝に力を入れるにつれ、高畑さんは違和感を持ち始めます。はっきり「間違っている」と言われたのが、『紅の豚』でした。糸井さんのメインコピーとは別に、僕はこういうコピーを作ったんです。

「自らに魔法をかけてブタになった男。」

これを見た高畑さんは、僕のところへ来て、面と向かって指摘しました。

「作品の中にそんなことは描かれていないでしょう。宣伝がそこまで言っていいんですか？」

たしかに作中では、ポルコがどうやって豚になったのかは明らかにされていません。でも、宮さんは何となくそれを匂わせている。だったら、言ってもいいと思ったんです。

何より、お客さんに興味を持ってもらうためには、そのコピーが必要だと思いました。でも、高畑さんにとって、それは〝間違い〟だった。

次に高畑さんに指摘されたのが、『もののけ姫』のコピーでした。

「〝生きろ。〟って何ですか。意味不明ですよ」

宣伝が人々をある方向へ導く。そのことに対して、高畑さんは本質的に警戒心を持っているんだと思います。

ナチスのプロパガンダを見ても、宣伝という行為に危うい側面があるのは確かです。扇情的な言葉を使って、人々を熱狂状態に導いていく。宣伝と扇動は根底の部分でつながっています。僕ら団塊の世代には、学生運動の経験、アジ演説や立て看板やビラ作りを通して、どうしてもそういう感覚が肌身に染みついてしまっているところがある。「生きろ。」というコピーの中に高畑さんはそれを感じとったんでしょう。

そして、実際に起きた熱狂的なブームにも違和感を覚えたんだと思います。莫大な宣伝費をかけ、ヒットを仕掛け、大量消費していく。映画とはそういうものじゃない――。『おもひでぽろぽろ』のときも、『平成狸合戦ぽんぽこ』のときも、宣伝によって映画がヒットすることに対して、高畑さんは疑問を感じてきたんだと思います。

だから、『ホーホケキョ となりの山田くん』（1999年／高畑勲監督）の制作中、僕がやろうとした宣伝に対して、高畑さんは、はっきりとノーを突きつけることになります。

観客が減ることも覚悟してやったパロディ

そもそも『山田くん』の企画については、いしいひさいちさんの四コマ漫画が原作ということで、「ジブリの路線に合わない」という関係者もいました。

企画したのは『もののけ姫』という重い作品を作っている最中でした。僕としては内容を大きく振って、主人公たちが滑ったり転んだりする楽しい映画を作りたいという気分だったんです。当時は時代の不安感を反映してか、映画も人間の心の内面を描く作品ばかりになっていました。

「もっと人間の外面を描く映画があってもいいんじゃないか？」

高畑さんとの雑談の中でも、そういうことが話題になった覚えがあります。

でも、日本人というのはまじめな映画が好きです。コメディにしても、明るく健全なものを好むところがある。『山田くん』のようなブラックユーモアはあまり受けません。

僕は当初、そのギャップを宣伝で埋めようと考えました。ユーモアの側面よりも、ジブリらしい、まじめな映画だという側面を押しだそうとしたんです。つまり、コメディではあるけれど、ホロッとくる場面もあるし、見終われば温かい感動が待っている。「家族の物語」であることを強調しようとしたんです。

その意を汲んで、糸井さんが作ってくれたコピーが、「家内安全は、世界の願い。」でした。僕としては、このコピーをもとに、家族という身近なところから、いまの社会のあり方、世界の問題を考えるまじめな映画なんだということを伝えていこうと考えた。ところが、それを見た高畑さんが「そういう映画じゃないでしょう」とストップをかけたのです。「変にまじめぶるのはいかがなものか。もう少し映画の本質を伝えてほしい」と言われました。

たしかに高畑さんが言っていることは正論でした。でも、今回の場合、ストレートに宣伝をしても、おそらくお客さんは付いてこない。僕は困ってしまいました。

悩みに悩んだ挙げ句、僕は高畑さんの意向を受けて、宣伝方針を変えることにしました。お客さんがどう思うかよりも、高畑さんが納得することを優先したんです。

その視点から新たに絵コンテを読み直して見つけたのが、「適当」という言葉でした。

ののちゃんたちが学校で、「先生の決意はなんですか？　結婚ですか？　転職ですか？」と聞く。すると藤原先生が「適当」と答える。「これだ！」と思いました。

「日本の名匠、高畑　勲監督の最高傑作誕生。テーマは、『生きろ。』ではなくて…適当（て・き・とー）」

「五人プラス一匹の家族が織りなす笑いと涙と感動と　え〜と、あとなんだっけの毎日。」

「『もののけ姫』を凌ぐ　スタジオジブリの国民映画第2弾!?」

「日本全国民に——『幸せ』と『元気』を贈る名匠・高畑　勲監督のとりあえずの最高傑作誕生。」

「いよいよ明日、適当な時間にお越し下さい。」

「人生、あきらめが肝心です。」

「♫ケ・セラ・セラ　なるようになるゥ〜　未来は見えない　お楽しみィ〜」

もう無茶苦茶やりました。一部は僕から関係者に向けたメッセージにもなっています。ビジュアルはウグイス姿の登場人物たち。その気になれば、僕はこういうパロディって得意なんです。考えてみれば、この映画は企画の原点からしてパロディでした。「『となりのトトロ』のジブリが贈る〝となりシリーズ〟第二弾『となりの山田くん』」ですからね。

高畑さんは方針転換後の宣伝に対しては、いいとも悪いとも言いませんでした。映画の内容からは外れていないから、「問題ない」ということだったんでしょう。

僕の中には、この手法でどこまでやれるか、試してみようという実験精神もありました。でも、成功する確率が限りなく低いことも分かっていました。このコピーじゃ、まじめな人は見に来ません。

広告を見たベテランの女性アニメーターが、僕のところへ真剣な顔で抗議に来ました。

「『もののけ姫』で、あれだけ〝生きろ。〟って言っていた人が、今回は〝適当〟って、どういうことですか⁉」

気持ちはよく分かりました。世間でも彼女のように感じた人は少なからずいたでしょう。でも、そうするしかなかったんです。お客さんが減ることを覚悟してやったのは、後にも先にもこのときだけです。

じつはこのとき、日本テレビの奥田さんにだけは事情を話しました。

「そういうわけで、今回はいままでのようなヒットは難しいと思います」

僕が説明すると、奥田さんは一言、「分かりました」と頷《うなず》いてくれました。彼の友情に、僕は、いまでも感謝しています。

徳間グループの総会で述べた「敗戦の弁」

『山田くん』の宣伝でもうひとつ問題となったのが、タイアップがつかなかったことです。

『もののけ姫』から広告代理店は電通と博報堂が一作ごとに交代することになり、今回は博報堂の番でした。ところが、担当の藤巻直哉というのがいい加減な男で、ぜんぜん働きません。もともと「まりちゃんズ」というバンドで音楽をやっていて、解散後に博報堂に入ってきたという変わった経歴の持ち主なんですけど、「一所懸命」とか「まじめ」という言葉とは無縁。植木等の「無責任シリーズ」を地でいくような人間です。僕はこの男を何とか働かせようと思って、『崖の上のポニョ』で主題歌を歌わせることになるんですけど、それはまた後の話。

とにかく、タイアップがない代わりに、何か手を打たなきゃいけないということで、郵便局に協力してもらうことになりました。キャラクターを使った官製はがきを作ったり、当時、全国に約２万４７００あった郵便局にポスターを貼ってもらったり、いろいろな展開をはかりました。これまで同様、物量作戦はずいぶんやったんです。でも、どれだけがんばっても、そもそもの方向性が間違っていたら効果は出ません。

じつはこのとき、配給・興行面にも問題を抱えていました。徳間康快が「配給を松竹に切り替える」と言い出したんです。いつも人を驚かせることをやりたい人ですから、配給会社を変えても、ヒットを飛ばせるところを見せたかったんでしょう。僕はいままでどおりの態勢を続けるよう、社長をずいぶん説得しました。ところが、頑として聞きいれてくれません。

しかも、タイミングの悪いことに、当時、松竹では奥山融社長と息子の奥山和由専務が解任されるというお家騒動が起こっていました。地方の映画館との契約の問題も生じて、大阪以西、九州に至るまで、西日本ではほとんど上映できる劇場がないという異常事態になっていました。『山田くん』はその状況下で封切りを迎えることになったのです。

制作、宣伝、興行のうち、二つがうまくいかなかったのだから、結果は推して知るべしです。配給収入は８億２０００万円。公開時の数字だけでいえば、ジブリ初の赤字作品となりました。ただ、覚悟はしていたので、ショックはありませんでした。

東宝の人たちは「うちでやらせてもらったら、50億は行きましたよ」と言ってくれましたけど、はたしてどうだったか……。

公開後しばらくして、僕は徳間康快に呼びつけられました。徳間グループの総会で結果を報告しろというのです。

「敏夫、今回の『山田くん』がダメだったのは、配給を松竹に変えたのが原因だな。俺が悪かった。映画の興行というのは難しいもんだな」

社長は僕の前では素直に自分の非を認めました。ところが、総会で演台に立つなり、こう言い放ったんです。

「みんなも承知のように、『となりの山田くん』は惨敗だった。その全責任はプロデューサーである鈴木敏夫にある。これから、彼が敗戦の弁を述べる。何を言うか、私も本当に楽しみだ」

僕は「一杯食わされた！」と思いつつ、開き直って壇上に上がりました。

「すべて社長のおっしゃるとおりです」

大きな声でそう言って社長をチラッと見たら、ニタニタ笑っています。頭に来たから、続けてこう話しました。

「原因は配給を東宝さんから松竹さんに切り替えたことでした。これからは、配給会社をきちんと選ばなきゃいけないということがよーく分かりました！」

一方、高畑さんは打ち上げの席でこう言っていました。

「たとえヒットしなくても、こういう映画に関われたことを僕たちは誇りに思おう」

映画の出来には僕も誇りを持っているんです。

四コマ漫画をああいうストーリーに仕上げた高畑さんの構成力、アニメーターたちが苦心して作りだした三頭身キャラの動き、余白を残した淡い背景。アニメーション映画の表現としてはひとつの到達点だと思います。すばらしい映画だから歴史には残るだろうと思っていましたが、実際、『山田くん』はMoMA（ニューヨーク近代美術館）のパーマネントコレクションに選ばれることになります。

でも、それだけ表現にこだわれば、時間も費用もかかります。たとえば、高畑さんが考えたキャラクターの線から色をはみ出させて塗るという手法。それを実現するだけでも、通常の仕上げの３倍の工程が必要になりました。

そういう表現者の夢を実現するべく、環境を整えるのがプロデューサーの役目です。

そのために20億円の予算を用意し、何とか作品を作りあげるところまでは行った。さらに興行が成功し、制作費を回収するところまで行けば完璧でした。でも、ひとつには高畑さん自身の要望によって、もうひとつは興行の事情によって叶わなかった。『もののけ姫』との落差もあって、世間的には『山田くん』を失敗と捉える向きもありましたけど、僕はそう思っていないんです。やれることはやったし、後悔もありません。収支の面でも、ビデオ販売などの収益によって、長い時間をかけてではありますが、最終的に黒字化しています。

『山田くん』公開の翌年、徳間康快が78歳でこの世を去りました。毀誉褒貶《きよほうへん》いろいろあった人ですけど、徳間がいなければジブリが生まれなかったのも確かです。葬儀のあと、日本テレビの氏家齊一郎会長は、しみじみと語りました。

「徳さんはすごかったなあ。莫大な借金をしてでも映画を作り続けた。俺にはとてもまねできないよ。気が小せえからな……」

そう言いながらも、氏家さんは徳間の遺志を継ぐようにしてジブリの〝パトロン〟となり、僕らの映画作りを支えてくれました。そして、徳間康快が『もののけ姫』でやったように、『かぐや姫の物語』という映画に、未曾有の制作期間と予算を投じてくれることになります。

あえて部数を落とした「アニメージュ」の経験

これは言い方が難しいんですけど、僕はジブリというスタジオにとって、『山田くん』のような経験も必要だと思っていました。

というのも、僕は「アニメージュ」時代に、似た経験をしているんです。

１９７８年、７万部からスタートした「アニメージュ」は、『宇宙戦艦ヤマト』『銀河鉄道９９９』『機動戦士ガンダム』のブームもあって、みるみる部数を伸ばしていき、最高45万部まで行きました。定価は５９０円ですから、売り上げを単純計算すると約２億７０００万円。徳間書店にとってはドル箱雑誌になりました。

デザインはずっと真野薫さんというデザイナーがやってくれていたんですけど、あるとき彼にこんなことを言われたんです。

「最近、調子いいじゃない。でも、おかげでロゴの色を変えられなくなっちゃったよ」

「え、なんで？」

「売れてる雑誌って、やっぱりぜんぶ金赤（黄色がかった赤）だから」

デザイナーとしては、自由がなくなって息苦しいというんです。「雑誌の中身もそうなってきているよね」とも言われました。

僕はショックを受けました。そして、あえていちど部数を落としてみようと考えた。そのとき思いついたのが、宮崎駿の特集号でした。世のアニメーション雑誌が、『ヤマト』『999』『ガンダム』で大騒ぎしているなか、あえてまだ知名度の低かった宮崎駿の特集に32ページを割く。それは僕が本当にやりたい企画でもありました。

構成案を見た同僚の亀山修はびっくりしていました。

「本当にこの特集やるの？」

「うん。だめかな？　亀ちゃんだって宮さんの取材したいでしょう」

「そりゃそうだけど、やばいよ。これやったら半分返ってくるぞ」

「でも、やりたいんだよ」

僕は真野さんの言葉を伝えて、「売れ行きにこだわるあまり、誌面から自由がなくなるほうが問題だ」と話しました。二人で「いつぐらいの誌面がいちばんよかったんだろう？」と話し合った結果、20万部のころじゃないかという結論になった。

実際、その特集号は実売部数がみごとに半分になりました。「なんでこんなに落ちたんだ!?」。社内は大騒ぎです。急遽、会議が開かれ、僕も呼び出されました。編集部としての見解を聞かれたんですけど、「いや、分からないんですよね……」とシラを切りました。

会社は1回だけのことだろうと判断して、翌月もまた40万部刷ろうとしていました。でも、僕はもう40万部売れる誌面を作るつもりはない。刷り部数を減らしてくれと言ったんですが、なかなか聞いてくれない。そうこうするうちに、実売が18万部まで落ちてしまった。これは僕としても想定外でした。そこから、あらためて2万部増やすのには苦労しました。

でも、徐々に悪くても18万～19万部、いいときは22万～23万部あたりで落ちつくようになり、返本率も1割以内に戻すことに成功しました。そうしたら、編集部の雰囲気もまたよくなってきたんです。みんなが雑誌を作ることを楽しみはじめた。

ヒットが続くと、会社や周囲からのプレッシャーが高くなって、作る人間も数字を追いかけるようになります。そうすると現場は萎縮してしまう。自由を取り戻すためには、どこかで数字をリセットしなきゃいけない。

ジブリでも同じことをすべきなんじゃないか？　そうしたら、スタジオが置かれた状況を正常に戻せるかもしれない――『もののけ姫』のあと、そんなことを考えたのは確かです。ただ、雑誌と映画では制作にかかるお金も、関わる人間の数も桁違いです。『山田くん』の経験によってジブリが自由になれたかというと、そう簡単にはいかなかった。

だから、『千と千尋の神隠し』のとき、僕はあらためて悩むことになりました。

もう一度ヒットさせたら宮さんがおかしくなってしまう

『もののけ姫』は大ヒットしたものの、続く『となりの山田くん』は興行的には振るわなかった。じゃあ、『千と千尋の神隠し』（2001年／宮崎駿監督）はどうか？　配給会社をはじめ、関係者の様子を見ていると、「『山田くん』はだめだったが、宮崎駿作品は違う」と考えている人が多いようでした。

振り返ってみると、宮崎駿という監督が興行的な信頼を得るまでには長い時間がかかりました。初監督作『ルパン三世　カリオストロの城』（1979年）は興行的には失敗。「客を呼べない監督」という烙印を押されてしまいます。『ナウシカ』『ラピュタ』はヒットしたものの、『となりのトトロ』の第一次興行はいまひとつ。毎回、「今度はどうだろう？」と思われながら、おっかなびっくり公開している面がありました。

ただ、『千と千尋』のときは違いました。『もののけ姫』の結果を受けて、初めて制作前から大きな期待がかけられたのが、『千と千尋』という作品だったんです。

もういちど大ヒットすれば、もちろん関係者は喜ぶでしょう。でも、それは宮さんにとっていいことなのかどうか？　そのことも、僕は考えざるをえなかった。基本的には地味な人生を送ってきた宮さんが、想像を超える大ヒットで、気楽に外も歩けない状況を経験することになった。周囲の見る目、取り巻く環境は大きく変わりました。

ここで、もういちど爆発的なヒットを経験したら、宮さんはどうなっちゃうのか？　それは彼の家族にどんな影響を及ぼすのか？

僕は出版社にいたころ、いろんな人気作家を見てきました。映画界に移ってからも人気監督を見てきて、思うところがありました。ブーム的な人気を経験した人は、みんなその後、どこかおかしくなっていくんです。でも、僕としては、やっぱり宮さんには普通でいてほしかった。

そこで宮さんの長男、吾朗くんに相談することにしました。

じつは当時、「三鷹の森ジブリ美術館」の建造計画が進んでいました。もともと建築コンサルタントとして公園の設計や都市の緑化計画の仕事をしていた彼に、その責任者になってもらっていたのです。

僕は率直に聞きました。

「こんどの『千と千尋』なんだけど、俺としては三つの考え方があると思ってる。一つめは『もののけ』の半分ぐらいのヒットをめざす。二つめは『もののけ』と同じぐらい。そして、三つめは、『もののけ』の倍を狙う。でも、ここでまた大ヒットしちゃうと、宮さんがおかしくなるんじゃないかという心配もしてるんだ。それは、ひいては宮崎家にも影響してくると思う。そのうえで聞くんだけど、吾朗くんは三つの中でどれがいいと思う？」

彼は真剣な顔でひとしきり考えたあと、はっきりと言いました。

「『もののけ』よりヒットさせてくださいよ」

「なんで？　宮さんがおかしくなるかもよ」

「いや、僕は美術館を成功させたいんです」

すごい男だなと思いました。宮さんも映画作りに入ると家族を顧みないところがありますけど、吾朗くんもやっぱり血を引いている。

僕にとっても、美術館にかかる費用は悩みの種でした。実際、関係者からは「いい施設だとは思うが、経営的にはうまくいかないだろう」と言われていました。

当時はちょっとした美術館、博物館の建設ブームで、たとえば宝塚市には手塚治虫記念館が作られていました。参考までに調べてみたら、ジブリ美術館とほぼ同じ600坪の敷地に20億円ほどの予算をかけて、地下2階、地上2階の箱を建てていることが分かりました。

ところが、こちらは宮さんの構想を実現しようと、いろいろやっているうちに、50億円もの予算を掛けることになってしまいました。経済合理性だけでいったら、ありえない計画です。

ただ、美術館の開館予定日は2001年の10月。『千と千尋』は、その直前の夏休みに公開されます。もし映画が大ヒットし、その波に乗って美術館のオープンを迎えることができたら、事情は変わってくる。そういう意味でも、この映画はやっぱり当てなきゃいけないのかもしれない……。

吾朗くんの話を受けて、そんなことを考えていたある日のこと。赤坂を歩いていて、〝平成の無責任男〟博報堂の藤巻さんにばったり出くわしました。

「ちょっとお茶でも飲もうか」と言って喫茶店に入ると、彼は『千と千尋』の話を始めました。

「いいですよね、電通は。『千と千尋』、みんな当たるって言ってますよ」

今回の担当代理店は電通。博報堂の藤巻さんとしてはちょっとひがんでいたんです。

「あ、そうなんだ。みんなどう言ってるの？」

「東宝の連中も言ってますよ。『もののけ』の半分は行くだろうって」

カチンと来ました。でも、その一言のおかげで僕の心に火がついた。

そこまで言うなら、『もののけ姫』を超えてやろうじゃないか。

迷いは吹っ切れました。

2倍の宣伝×2倍の劇場

不遜に聞こえてしまうかもしれませんが、これまでの経験から、どうすれば映画をヒットさせることができるのかは分かっていました。

『もののけ』の経験から、「宣伝費＝配給収入の法則」に対する確信も深まっていました。作品に力があることが前提ではありますけど、ヒットはある程度、狙って出すことができる。

じゃあ、『もののけ姫』の倍の数字をあげるためには何が必要か？

まず考えたのは、劇場のキャパシティを倍にすることでした。さっそく東宝の営業担当の取締役、千《ち》田《だ》諭《さとし》さんと交渉を開始します。

次に考えたのが、宣伝の物量を倍にすることです。とはいえ、『もののけ姫』の宣伝自体が空前の規模ですから、それをさらに倍にするというのは普通に考えたら不可能です。

でも、映画館の座席数を倍に増やしても、見に来てくれるお客さんが増えなければ、ガラガラの劇場が増えるだけです。それだけは避けなければいけません。供給に見合う需要を生み出すには、やっぱり宣伝しまくるしかない。

「人間というのは3回、広告を見れば消費行動に走る」

これは僕が立てた仮説なんですけど、テレビ、ラジオ、新聞、雑誌、インターネット、いろんなメディアを通じて、同じ映画の広告を3回見れば、お客さんは映画館に行きたくなると思うんです。

『もののけ姫』の観客数は１４２０万人。その倍、２８４０万人というと、ざっと日本の人口の2割にあたります。それだけの人たちに3回ずつ宣伝を見せなければいけない。すさまじい物量が必要になります。宣伝計画を立てる中で、僕はたえず合計の宣伝費を見ていました。製作委員会による宣伝はもちろん、東宝による配給宣伝も増やしてもらいました。もちろん、タイアップ、パブリシティも、いままで以上に力を入れます。でも、すべてをスケールアップしていってもまだ足りません。

そのとき新たな援軍として現れたのが、コンビニのローソンでした。『千と千尋』から三菱商事が製作委員会に加わることになり、資本関係のあるローソンとタイアップする話が持ち上がっていたのです。

コンビニの店頭がメディアになった時代

JA共済とのタイアップの経験から、全国にネットワークを持つ組織の強さは身をもって感じていました。コンビニチェーンの持つ力も何となく想像できました。ただ、僕自身はあんまりコンビニというものが好きじゃなかったんです。一日三食を決められた時間に食べる。そういう日本の生活文化の根幹を壊しているような印象があったからです。

だから、三菱商事で打ち合わせをすることになったときも、正直あんまり乗り気じゃなかった。ところが、現れたローソンのマルチメディア事業部の部長、山﨑文雄さんというのがちょっと変わった人でした。

「もうしわけないんですけど、僕、コンビニが嫌いなんですよ」

本音をぶつける僕に対して、山﨑さんはひるむ様子を見せません。

「鈴木さんがコンビニを嫌いなことは重々承知しております」

そう言うと、メモを取り出し、滔々《とうとう》と自分の身の上話を始めます。

「私が最初に衝撃を受けた映画は、ジョージ・ロイ・ヒル監督の『明日に向って撃て！』でした。あの作品を見て、私は勉強をやめました。人生にはもっと大切なことがあると知ったからです。14歳のときのことでした……」

そうやって延々、自分と映画の関わりをしゃべり続けたんです。商売や契約の話はいっさいなし。とにかく映画が好きだから、ジブリの映画に関わりたい。その一心なんです。その熱意にほだされて、僕は山﨑さんと付き合うようになります。そこで、コンビニがいまの若者たちに想像以上の影響力を持っていることを知りました。

たとえば、そのころヒット曲はすべてコンビニから生まれていたんです。テレビから音楽番組が減る中で、若い人たちが新曲を耳にする場がコンビニの店内放送に移っていった。そのため音楽業界は、どうやってコンビニで曲を流してもらうかに躍起になっているといいます。

その話を聞いて、僕は「コンビニというのはただの小売店じゃない。一種のメディアなんだ」ということに気がつきます。

これまで映画を宣伝する媒体は、時代ごとに移り変わってきました。

１９５０～60年代、お客さんは映画館で流れる予告編を見て、次に行く映画を決めていました。

70年代になると、情報誌の「ぴあ」が創刊されます。それから80年代まで、映画を見るときは、まず「ぴあ」を読むという時代が続きます。ジブリ作品でいえば、『ナウシカ』や『ラピュタ』のころが、その全盛期です。

それが『魔女の宅急便』ぐらいからは、テレビスポットの影響力が強くなります。

90年代になると、インターネットという新メディアが登場しました。

そして、インターネットの力が支配的になっていくまでの過渡期、２０００年前後の数年間、コンビニの店頭が流行を生み出す発信地となっていたのです。

コンビニの媒体としての力を知った僕は、ローソンと正式に契約。全国７７００（当時）の店舗で、ポスター、ポップ、フリーペーパーなどをフルに使って、『千と千尋』の大宣伝をしてもらうことにしました。このタイアップの効果は、数十億円の規模になったと思います。

それだけじゃありません。ローソンの店頭で前売り券の販売をしたところ、総数１００万枚のうち、32万枚を売り上げてしまったのです。それを聞いて、僕はコンビニの力の恐ろしさを思い知ることになります。ジブリ美術館のチケット販売をローソンにお願いしている背景には、そのときの経験があるんです。

『千と千尋』のタイアップでは、ネスレにもお世話になりました。この会社の宣伝広報活動はとてもユニークで、その時代に応じて巧みに手法を変えています。とくにこの時期はメディアのバランスを見直している時期だったようで、担当の方とお会いしたら、それまでテレビに投入していた予算を、新聞の折り込みチラシに移しているという話でした。

何も新しいメディアを探すばかりが能じゃない。そういう旧来のメディアの効果をきちんと検証し、新しい手法と交えながら使っていく。さすが１００年以上続いている会社だけあって、いろいろなところに目が行き届いているなと感心しました。

そうやって、新しいタイアップ企業を加えながら、あらゆるチャンネルを拡大していった結果、宣伝の総量は本当に『もののけ姫』の2倍近くになっていきました。

映画のテーマは「貧乏」から「心」の問題へ

物量の次に考えたのが、宣伝の中身です。これは映画の内容とも深く関わっているんですけど、途中で宣伝の柱を千尋とハクからカオナシというキャラクターに変えました。もしかしたら、広告を見た人は、「なんでこんな変なキャラクターが?」と思ったかもしれません。関係者も最初は同じ反応でした。

じつはこの作品、絵コンテを描いている途中で、いちど大きなストーリー変更をしているんです。宮さんが最初に考えていた物語はこうでした。

名前を奪われ、湯屋で働くことになった千尋は、やがて湯婆婆《ゆばーば》と戦い、これをやっつける。ところが、湯婆婆の背後にはより強い銭婆《ぜにーば》という魔女がいることが分かる。そこで千尋はハクと力を合わせて、二人で銭婆をやっつける。そして、名前を取り戻し、豚に変えられていたお父さんとお母さんを元に戻す――。

そのあらすじを宮さんから聞かされたとき、僕は正直ピンと来なかったんです。分かりやすいファンタジー活劇ではあるけれど、単純すぎやしないかと思った。僕の不満そうな反応を見た宮さんは、その場ですぐに新しい案を考えました。

「あ、そうだ！　鈴木さん、こいつ覚えてる？　橋のところに立ってたやつ」

それがカオナシでした。もともとは、たくさんいる神様たちのひとり。名前もない脇役だったんです。そこから宮さんは瞬く間に発想を広げ、カオナシがいろんなものを飲み込みながら肥大し、湯屋で暴れまわるというお話を作りあげていきました。

個人的には新しいストーリーのほうがおもしろいと感じました。けれど、映画のプロデューサーとしては悩みました。カオナシ案のほうは、お客さんが見終わって「ああ、おもしろかった」ではすまない、難しい映画になると思ったからです。

僕が見たところ、どうもカオナシというのは、人間の心の底にある闇、心理学でいうところの〝無意識〟を象徴している。そいつがあらゆる欲望を飲み込みながら暴走する。千尋はそれを鎮め、海の上を走る列車に乗って銭婆に会いに行く。そして、戦うことなく名前を取り戻します。不思議なお話ですよね。物語の類型からはかけ離れています。

でも、僕はこれこそが現代の映画だと思った。

一見、最初のストーリーのほうが分かりやすいし、そのほうがヒットすると考える人もいるかもしれません。それはそれで、宮さんが作ればおもしろい映画にはなるでしょう。でも、大ヒットする映画にはならない。なぜなら、そこには〝現代との格闘〟がないからです。

戦後しばらく、あらゆる日本映画は「貧乏とその克服」をテーマにしていました。たとえば、黒澤明監督は時代劇や刑事もの、恋愛ものなど、いろんなジャンルの映画を作りましたけど、その根底にはいつも貧しさの問題が流れていました。

ところが、高度成長をへて、経済的に豊かな時代になると、そのテーマは成り立たなくなります。必然的に黒澤さんは苦戦することになった。いや、おそらく世界中の映画人がテーマを見失って途方に暮れていたと思います。

そこで、アメリカでは娯楽映画の中にフィロソフィーを持ち込むことになった。それは『もののけ姫』のところで説明したとおりです。

一方、日本ではバブルとその崩壊をへて、社会の雰囲気が明らかに変わりました。オウム事件や、少年による猟奇殺人事件が象徴するように、心の問題というものがクローズアップされるようになっていきます。当然、映画のテーマもその影響を受ける。振り返ってみると、『千と千尋』はその流れを象徴する映画でした。一方、それに抗ったのが『山田くん』だったという気がします。

ただ、映像で心の問題を描くというのはとても難しいわけです。とくに安易な説明台詞やモノローグに頼らずにやろうと思ったら至難の業です。でも、宮さんはそれをカオナシという具体的なキャラクターを作ることで見事にクリアした。しかも、観客にテーマを意識させることなく、一見楽しい娯楽映画に見えるところまで昇華させたわけだから、やっぱり天才というべきでしょう。

とはいえ、僕としては、この映画が子どもたちに与える影響を心配せざるをえませんでした。カオナシの奥にあるものに引きずられ、この映画からなかなか抜け出せない子も出てくるんじゃないか？

僕の中には、「映画というのはもっと単純でいいんじゃないか」という思いもあったんです。見終わって「ああ、おもしろかった」で終わる。一日ぐらいはいろんなシーンを思い出して余韻に浸ったりもするけれど、翌日になればすっかり忘れて日常生活に戻る。そういう映画のほうが健全なんじゃないか？

その点、『山田くん』は健全な映画でした。高畑さんが意図的に人々の外面を描くことに集中して、内面に踏み込まなかったからです。「こういう映画がヒットしたらいいな」という願望は僕も持っていました。

実際、昔の勧善懲悪の映画はみんなそうだったわけですよね。たとえば、鞍馬天狗が悪者をやっつければ、みんな拍手喝采。すっきりした気分で映画館を出てきました。鞍馬天狗の心の内にある苦悩なんて、誰も考えないし、描く必要もなかった。

ところが、いまや娯楽映画にすら哲学が求められる時代になって、ヒーローでさえ心に闇を持つようになりました。アメリカの文脈でいえば、『スター・ウォーズ』の中で描かれた〝ダークサイド〟という概念です。その元になっているのは、ル＝グウィンが『ゲド戦記』の中で描いた〝影〟でしょう。そういう意味では、パンドラの箱を開けたのはル＝グウィンだった。

それを「スター・ウォーズ」シリーズが世界中に拡散させ、〝影〟は大衆化していった。21世紀に入ってからリメイクされたスパイダーマンやバットマンなどのアメコミ・ヒーローものは、みんなその問題をテーマにしていますよね。

『千と千尋』を作っている最中は、まさかこんな時代になるとは思っていませんでした。ただ、哲学や生き方、心の問題を含んでいる映画のほうが当たるということは、はっきりと感じていました。

だから、僕は宮さんから、「どっちにするか選んでよ」と迫られたとき、迷いつつも、つい「カオナシのほうで」と言ってしまったんです。そのほうがおもしろいと感じたこともありますけど、「ヒット」の三文字が脳裡をよぎったのも事実。僕の心の弱さだったかもしれません。

キャラクターごとの登場時間を計算する

そういう映画にすると決めたからには、宣伝にもカオナシを最大限使っていこうと思いました。宣伝関係者を集めて、そのことを告げると、みんな怪訝《けげん》そうな顔をします。聞いてみると、みんなはこの映画を「千尋とハクのラブストーリー」だと思っているんです。逆に、僕にとってはそれが不思議だった。二人のことも描いてはいるけれど、絵コンテを素直に読めば、それが話の中心じゃないことは明らかです。

そこで試しに、キャラクターごとの登場時間を計算してみることにしました。アニメーションの絵コンテの横にはカットごとの秒数が書いてあるんですが、それをコツコツ数えて集計したのです。すると、1位は千尋。これは当然の結果です。問題は次でした。

もしこの映画が千尋とハクのラブストーリーなら、2位はハクでなければならない。ところが、2位はなんとカオナシだったのです。

やっぱりこれは千尋とカオナシの映画だ——僕は確信を深めて、みんなにその数字を示しました。ただ、それでもまだ納得しない人が多かった。それぐらい「映画のテーマ＝愛」という思い込みが強かったということでしょう。

まあ、カオナシの見た目を考えると、「これで売る！」と言われて戸惑う気持ちは分からなくもありません。奇を衒《てら》っていると考えた人もいるかもしれない。でも、僕にとってカオナシを使うことは、映画のテーマをストレートに表現する宣伝だった。そして、カオナシで売れば、この映画は必ず当たると思いました。それどころか、「お客さんが来すぎてしまうんじゃないか」という心配すらしました。それぐらいの確信があったんです。

カオナシを使った広告を大々的に展開し始めると、普段、宣伝に関心を示さない宮さんまでがプロデューサー室へやってきました。

「鈴木さん、なんでカオナシで宣伝してるの？」

「いや、だって、これ千尋とカオナシの話じゃないですか」

「えっ⁉　千尋とハクの話じゃないの……？」

宮さんはショックを受けた様子でした。その後しばらくして、ほぼ完成したラッシュフィルムを見た宮さんが、あらためて僕に言いました。

「鈴木さん、分かったよ。これはたしかに千尋とカオナシの話だ」

宣伝関係者だけじゃなくて、監督自身も気づいていなかったんです。

たぶん、作家には二つのタイプがいるんだと思います。意識的に時代を分析してものを作るタイプと、必死で物語と格闘しているうちに、いつの間にか時代の深層にあるものを掴んでしまうタイプ。高畑さんが前者だとするなら、宮さんは後者でしょう。

〝生きる力〟を呼び醒ませ！

この作品の当初のメインコピーは、糸井重里さんが作ってくれた「トンネルのむこうは、不思議の町でした。」というものです。ところが、途中からカオナシが前面に出てきたことで、このコピーだけではテーマを表現しきれなくなってしまった。

そこで、僕は東宝の宣伝プロデューサー、市川南さんと相談して、サブとなるコピーを考えることにしました。

彼の特徴は冷静沈着さ。いつも客観的な視点でものを見ていました。そして、僕が会議や打ち合わせで話す内容を、すべてノートに書き留めていた。これがすごく役に立ちました。

僕が何かに迷うたびに、彼はそのノートを開き、「あのとき鈴木さんはこう言ってましたよ」と指摘してくれたんです。それによって問題の原点に立ち返ることができた。

コピーについて話し合っているときも、彼はノートを開いて言いました。

「鈴木さんは、『いいコピーというのは、何かの拍子に偶然出てきた言葉なんだよ』と言ってましたよね。『それはだいたい、最初に言った言葉のことが多い。でも、何回も話し合っていると、往々にして最初の言葉を忘れてしまう。そういうときはいったんそこへ戻らなきゃいけないんだ』って。『この映画をヒットさせる鍵は哲学にある』とも言いました。『もののけ』のヒットの原因が〝生きろ。〟というコピーにあったんだとしたら、『千尋』でも、もっと哲学的な言葉を打ち出さなければいけないんじゃないですか？」

そこで、二人であぁでもない、こうでもないと考える中で、彼がふいに言ったのが、「〝生きる力〟を呼び醒ませ！」というコピーだった。そのときの僕は「なんて恥ずかしい言葉だろう」と思ったんです。でも、クールな彼が珍しく熱くなって出してきた言葉です。それに懸けてみることにしました。

新聞広告ではそれとメインコピーを組み合わせて、こんな宣伝文句を作りました。

「『もののけ』から4年、宮崎 駿の清冽な魂が、ひとりの少女の〝生きる力〟を呼び醒ます！　生きている不思議　死んでいく不思議　花も風も街もみんなおなじ　トンネルのむこうは、不思議の町でした。」

この「〝生きる力〟を呼び醒ませ！」というコピーには、僕が考えていた以上の力があったようです。その後、「生きる力」という言葉が、他の広告や、教育の現場など、いろんなところで使われて、一人歩きするようになっていきました。作品同様、あのコピーも時代とシンクロしていたのかもしれません。

不滅の興行記録とヒットの功罪

『千と千尋』のヒットには、興行の仕組みの変化も大きく関わっていました。1993年に日本に上陸したシネマコンプレックス、いわゆるシネコンが全国的に普及したのです。

まだ映画館一館につきスクリーンが一つしかなかったころ、映画の興行は〝護送船団方式〟で行われていました。まず東宝なら東宝の興行の責任者が、「この映画はこれぐらいだろう」と観客数の予測を立て、東京の中心館を割りあてます。すると、それにならって、ほぼ自動的に地方の映画館と上映期間が決まっていくのです。供給量を計画的に決めてしまうという意味では、社会主義的な仕組みでした。

それに対して、アメリカからやって来た〝黒船〟ワーナーは、日本のスーパー、マイカルと組んで、ワーナー・マイカル・シネマズを立ちあげ、シネコンの利点をいかした自由競争を始めました。客の入りがいい映画があれば、事前の計画に縛られず、上映スクリーンを積極的に増やしていったのです。それがメガヒットを生み出す土壌になった。すさまじい量の宣伝を打っていた『千と千尋』には、公開と同時に観客が殺到しました。それを見たシネコンは、即座に上映スクリーンを2面、3面と増やした。それによって、観客数が加速度的に増えていったんです。

日本中のスクリーンが『千と千尋』一色に染まり、とくに最初の2〜3週間は、実際に『もののけ』の倍の数字を叩き出しました。

初日の観客数はなんと42万人。『火垂るの墓』と『となりのトトロ』の第一次興行

（4週間）がトータルで45万人だったんですが、それをわずか1日でほぼクリアしたことになる。僕としては『火垂る』と『トトロ』が不憫でなりませんでした……。

1年に及ぶロングランの結果、最終的な観客数は2350万人、興行収入は304億円。『タイタニック』に破られていた日本記録を再び更新して、マスコミは盛んにそのことを書き立てました。

ただ、僕はブームの渦中にあっても、どこか醒めた目で喧噪を眺めていました。ヒットしたことがうれしくないわけじゃない。でも、そこには功罪両方の側面があることを自覚していたからです。

ひとつは、先述したテーマの問題です。これ以降、心の問題を扱う映画がますます増えていきました。そして、いまや心の問題が大衆化され、エンターテインメントとしてそれを楽しむ時代になってしまった。それはあまり健全なことだとは思えないんです。

もうひとつは映画興行界への影響です。『千と千尋』がスクリーンを独占してしまったことで、普通ならヒットが見込めたはずの他の映画が軒並み割を食ってしまったのです。

「『千と千尋』のような事態は二度と起こしてはならない」

興行界ではそんな話が出ているという噂が伝わってきました。もっと各社で協調して、いろんな映画に機会を与えるべきだというのです。日本の映画市場に訪れた本当の「自由競争」は一瞬で終わることになりました。それは、その後の『ハウルの動く城』や『崖の上のポニョ』の興行にも影響を及ぼすことになります。

映画のテーマ、宣伝手法、興行の仕組み。すべてが時代の変化とぴたりと呼応した。『千と千尋の神隠し』は、そんな幸運に恵まれた作品でした。

【東宝宣伝プロデューサーの視点②　市川南】

前任の矢部勝さんが担当した『もののけ姫』の興行収入は193億円。とてつもない数字です。宣プロを引き継ぐときにプレッシャーがなかったわけではありませんが、『もののけ』はいろんな要素が重なって起きた特別な出来事。関係者の間では、『千と千尋』はさすがにそこまで行かないだろうという見方が一般的でした。個人的には、「当たることは当たるけれども、『もののけ』以前のジブリ作品ぐらいに戻るのかなあ」と思っていたんです。

あれは公開の4カ月前、２００1年3月のことでした。「ピエール、大事な話がある」ということで、鈴木さんのご自宅に呼ばれました。ピエールというのは、鈴木さんが僕につけたあだ名です。

鈴木さんはみかんを食べながら話し始めました。

「ピエール、この作品はカオナシで売ろうと思ってるんだ」

カオナシ……？　最初はわけが分かりませんでした。普通に考えれば、この映画は千尋とハクの物語。最後には二人で空を飛ぶというロマンティックなシーンもありますし、「愛と魔法の冒険活劇」という方向で売るのが定石です。

ところが、鈴木さんは「カオナシが〝ヒット〟を〝国民的な大ヒット〟に変える秘訣になる」というのです。

鈴木さんはよくこんなことを語っていました。

「プロデューサーの仕事というのは探偵業と同じなんだ。その作家が何をしようとしているのかを探る。一方で、現代というのはどういう時代なのかを探る。それをもとにどう宣伝するかを考えなきゃいけない。映画というのはストーリーを売るんじゃない。哲学を売るんだ」

そういう意味では、今回、宮崎さんが描いているのはカオナシであり、宣伝もそれを柱にしなきゃいけないというんですね。

僕としては「そうかなあ……」と半信半疑だったんですが、ともかく言われたとおりにやってみようということで、それ以降、予告編も新聞広告もカオナシで押していくことになりました。

『千と千尋』のころには、宮崎監督の知名度、ジブリというブランドが世間に浸透していましたから、宣伝で少々はずれたことをやっても大丈夫だろうという考えもありました。鈴木さんが、正論の枠内の極論というか、限りなくボールに近いストライクを狙っているなら、それに乗ってみようと思ったんです。

公開の3日ぐらい前だったでしょうか。夜中2時ぐらいに鈴木さんの車で家まで送ってもらったことがありました。そのとき鈴木さんは予言しました。

「『千尋』は興収100億を超えると思うよ」

前売り券はかなり売れていたし、僕としてもヒットは確信していました。でも、「さすがに100億はないだろう」と思っていました。

ところが、封切りされると、ものすごい数字があがってくる。

当時、映画調整担当の役員だった高井英幸さんは、毎日数字をチェックして、うれしそうに手作りのグラフに書き込んでいました。公開前、高井さんは「『千と千尋の神隠し』というタイトルには〝千〟という数字がふたつ入っている。だから、観客動員は２０００万人だ」と冗談で言っていたんですが、それもありえない話じゃなくなってきた。

１年近いロングランの間、ずっと追告《おいこく》（公開後に出す広告）を打ち続けていたんですが、新聞広告には折々の時事ネタを盛り込む遊びも入れました。

「この夏、映画と選挙に行こう。支持率千%　大当たり～ッ。」

「がんばれ、イチロー。ぼくもがんばってます。カオナシ」

「イチロー。首位打者、おめでとう。」

「X'ｍａｓも。」「お正月も。」

といった具合です。

そして、２００２年２月にベルリン国際映画祭で金熊賞（グランプリ）を受賞したのを受け、「世界の映画史が変わった。〝千尋〟が変えた。」という広告も打ちました。

　最終的に、観客動員は高井さんの言うとおり2000万人を超え、興収は鈴木さんが予言した100億円の3倍まで伸びました。

　僕がジブリ作品の宣プロを担当したのは、この『千と千尋』1本なんですが、鈴木さんとの仕事は勉強になりましたね。

　鈴木さんが人を怒る話は有名で、いろんな人が大声で怒られているのを見て、「大変だなあ……」と思っていたんです。もちろん僕も担当になってすぐ怒られました。ただ、電話越しだったのが不幸中の幸いでした。受話器を耳から離しても鼓膜に響くぐらい、すさまじいボリュームでしたけどね。

　僕としては、他の人たちが鈴木さんにこっぴどく怒られながら、そのあとも仕事を続けているのが不思議だったんですけど、自分が怒られてみて分かりました。鈴木さんに怒鳴られると、滝に打たれたように、ちょっと清々しい気持ちになるんです。

　ジブリ映画の製作委員会のメンバーって、そうやって鈴木さんに怒られたり、「この映画はカオナシだ！」と洗脳されたりしながら、みんな一丸となってがんばっていくんです。これだけ一体感のある製作委員会は、いままで見たことがありません。

市川南（いちかわ　みなみ）　１９６６年、東京都生まれ。１９８９年、東宝入社。宣伝プロデューサーとして、『千と千尋の神隠し』など。企画プロデューサーとして、『世界の中心で、愛をさけぶ』『永遠の０』など。２０１１年、取締役就任。２０１２年から東宝映画社長を兼務。

第5章 汗まみれ宣伝論

『猫の恩返し』（2002）
『ハウルの動く城』（2004）
『ゲド戦記』（2006）
『崖の上のポニョ』（2008）
『借りぐらしのアリエッティ』（2010）
『コクリコ坂から』（2011）

宣伝とは仲間を増やすこと

『もののけ姫』では、宣伝と興行成績の関係について仮説を立て、それを超えるヒットを実現することができた。『千と千尋の神隠し』では、それを倍の形で再現することにも成功しました。

幸運に恵まれたことも確かですけど、宣伝というのは、「正しい方向に向かって一所懸命努力をすれば結果は出る」ということも分かってきた。無我夢中でがんばっているうちに経験則を見つける。その経験則を使うことで、何度も同じ結果を再現できるようになる。そういう意味では、宣伝は科学の実験やスポーツと似ている面があるかもしれません。

ただし、一人ではできない。これも宣伝という仕事の特徴です。製作委員会、配給会社、協賛企業……いっしょに汗をかいてくれる仲間がいなければ、どんなにすごいアイデアや仕掛けがあっても、結果は出せません。

宣伝とは、仲間を増やすことである——必死で駆けずりまわっているうちに、自然とそう考えるようになっていました。

仲間を増やすというと、抽象的な理念のように聞こえますけど、僕の頭にあったのは、いつも具体的な人の顔と数字でした。

たとえば、ずっとジブリを応援してくれている日本テレビの映画事業部。そこには奥田誠治さんをはじめ、映画宣伝の仕事に携わるメンバーが十数人います。バラエティーやワイドショーなどの番組スタッフを合わせると、ざっと１００人がジブリ映画の宣伝に関わることになる。さらに、日本テレビには系列局が全国に約30あります。制作から営業まで含めて各局１００人社員がいるとすると、合わせて３０００人。

同じように、製作委員会の電通、博報堂、ディズニー、三菱商事にも、宣伝に関わる人が１００人単位でいる。さらに配給の東宝、宣伝の実務を担当するメイジャー、関連するプロダクション、新聞、出版、ラジオなどのメディア関係者も含めると、軽く１万人ぐらいが、１本の映画の宣伝に携わることになります。

協賛企業の存在も抜きには語れません。

たとえば、いまやローソンは全国に1万2000もの店舗があります。各店10人の従業員・アルバイトがいるとして12万人。読売新聞の場合は販売店が6000ありますから、仮に5人ずつとして3万人。JA共済であれば職員が6000人、郵便局であれば全国に20万人もの局員がいる。

興行の現場の人たちもいます。ジブリ作品の場合、だいたい600スクリーンぐらいで上映しますが、映画館で働く人が10人としても合計6000人。彼らもまた大切な仲間です。

宣材物を作ってくれる業者さん、ポスターを刷ってくれる印刷所の人もそうです。それらを合計すると、ざっと40万人もの人々がジブリの映画を応援してくれることになる。彼らが家族や友達といっしょに、たとえば3人で映画館に来てくれるとしたらどうなるか？　120万人の観客動員が見込めるのです。

一方、試写会では毎回10万人に見せることを目標にやってきました。彼らは最初のお客さんであると同時に、口コミを通じて宣伝マンにもなってくれます。

僕はそうやって具体的な数字を積み上げながら、宣伝と観客動員というものを考えてきました。

宣伝といえばマスコミに広告を出すこと。そう考えている人も多いと思いますけど、それは手段のひとつにすぎない。宣伝の本質というのは、歩いてまわって仲間を一人ひとり増やしていく作業なんです。だから、たくさんの企業を巻き込み、全国キャンペーンにも行く。すべて具体的で地道な努力の積み重ね、どこまでもリアリズムの世界です。

奥田さんからは、あるときこんなことを言われました。

「鈴木さんの下には1万人の社員がいるようなものですよね」

客観的に見るとそういう面もあるのかもしれませんけど、僕にとっては社員でも部下でもなく、やっぱり仲間なんです。

大勢でひとつの目標に向かっていくのって楽しいじゃないですか。宣伝の仕事というのは、単なるビジネスじゃなくて、みんなで映画という神輿をかついで歩きまわるお祭りのようなものです。

振り返ってみれば、映画を作る以前から、僕は同じようなことをしてきました。「アニメージュ」でも、全国キャラバンと称して、各地の書店をまわってイベントをやっていました。もっと遡《さかのぼ》れば、大学時代の学生運動も、ある意味ではお祭りですよね。オルグというのは、平たくいえば仲間を増やすことです。思想信条は建て前で、本当は仲間と何かをするのが楽しかっただけかもしれません。

新しいやり方に挑戦し続ける

客観的に見れば、『千と千尋』を終えた時点で、僕らはヒットを生みだすための理論と、それを実行していくためのチーム、両方を手にしていたということになります。あとは、それらを使って同じことを繰り返せばヒットを量産できる――そう考える人もいるかもしれません。

でも、作品の内容が変われば、宣伝の方針も変わります。何より、時代そのものがどんどん変わっていってしまう。それに対応するためには、同じことをやっていてはだめです。

僕は常々、自分のやっていることを理論化しすぎるのは危険だと感じてきました。時代というものを理解するには、たえず現場に出向き、人と会って、話を聞かなければいけない。僕は何かを考えるとき、抽象的に考えるということをしません。いつも一つひとつ個別、具体的に考えます。もし、理論を現実に当てはめようとしたら、その瞬間、この仕事はうまくいかなくなると思います。

もちろん基本となる原理原則はあります。いくつも経験則を学んで、それが応用できる場面もある。でも、新しい作品に入るときは、必ず虚心坦懐に「この作品は何なんだろう」「いまはどんな時代なんだろう」と、一から考え直すことにしています。

そもそも同じことを繰り返していたら、自分自身が飽きてしまう。いつも新しい事態が起きて、新しいやり方を考えなきゃいけない。そこに映画作りの難しさと、おもしろさがあるんだと思います。

『千と千尋』のあと、『猫の恩返し』（２００２年／森田宏幸監督）の制作が始まると、僕はさっそく新たな壁にぶち当たりました。

宣伝はタイトルから始まる

ジブリでは、それまで基本的に高畑さんと宮さんが交互に監督をやってきました。でも、二人とも60歳を越え、いままでのようなペースで作り続けることはできなくなってきた。そこで、スタジオの未来を考え、若い監督の起用を模索しはじめたのがこの時期です。

次回作としては、二つの企画が持ち上がっていました。ひとつは細田守監督による

『ハウルの動く城』、もうひとつは森田宏幸監督による『猫の恩返し』です。『ハウル』は僕がプロデュースし、『猫の恩返し』のほうは、最初ビデオ用作品を想定していたこともあって、僕の補佐をしていた高橋望が担当することになりました。彼は僕よりも一回り若く、感覚も新しい。以前にも、若手スタッフ中心で作ったテレビ用の作品、『海がきこえる』（1993年／望月智充監督）を任せたことがあります。

ところが、作業を始めてしばらくすると、僕も高橋も行き詰まってしまうんです。そこで、打開策として担当を交代してみることにしました。僕が『猫の恩返し』をやり、高橋が『ハウル』をやる。それでも、『ハウル』はやっぱりうまくいかず、仕方なく制作を中断することにしました。それを宮さんが引き取り、あらためて一から作っていくことになるんですが、それには時間がかかる。そこで、『猫の恩返し』を次の劇場用長編として進めていくことになったのです。

交代早々、気になったのがタイトルでした。当初のタイトルは、『猫の国のハル』。『風の谷のナウシカ』と同じ形式なんですが、どうもインパクトに欠ける印象がある。

タイトルというのは、作品の内容を支配し、世の中に出していくときは最初の宣伝材料にもなります。タイトルがよくないと、あとからどれだけ取り繕っても、その映画はうまくいきません。

そこで森田監督やスタッフといろいろ話し合う中で、『猫の恩返し』というタイトルが浮上してきました。「これなら行けそうだ」と僕が思いはじめた矢先、宮さんがやってきました。

「鈴木さん、このタイトルはよくないよ」

「え、どうしてですか？」

「『神隠し』のあとに『恩返し』はない」

言われてみれば、語感は似ています。そういうとき、宮さんという人は親切というべきか、お節介というべきか、口も出すし、手も出します。10個ぐらい別のタイトルを考えて持ってきました。それで侃々諤々、ああでもない、こうでもないと議論になった。

じつは『もののけ姫』のときも、宮さんが途中で『アシタカ䚮記《せっき》』というタイトルに変えたいと言いだしたことがありました。でも、僕としては『もののけ姫』のほうがはるかにいいと思った。そこで最初の特報を打つとき、宮さんに黙って『もののけ姫』というタイトルを出しちゃったんです。あとでそのことを知った宮さんが、「鈴木さん、タイトル出しちゃったの⁉」と駆け込んできました。ちょっと何か言いたそうにしていましたけど、結局、『アシタカ𦻙記』は引っ込めてくれました。

ただ、『猫の恩返し』のときはずいぶん揉めました。全作品の中でも、タイトルでいちばん揉めた作品かもしれません。それでも、話し合いを重ね、最終的には『猫の恩返し』で落ちつくことになりました。

ライカリールを100回見て決めた3点セット

宣伝の基本となるのは、タイトル、コピー、ビジュアルの3点セットです。コピーとビジュアルを決めるにあたっても、このときはだいぶ苦労しました。

この作品が何を描こうとしているのか、僕にはなかなかつかめなかったんです。もちろん、ストーリーは分かっています。どういうふうに企画を進めてきたかも、高橋から聞いている。でも、作品の核心がつかめない。途中から作品に加わる難しさを痛感しました。

糸井さんにコピーをお願いするときも、曖昧な説明になってしまいました。それでも、糸井さんはいいコピーを作ってくれました。

「猫になっても、いいんじゃないッ？」

これが作品を理解するためのヒントになったんです。コピーの意味を探るように、僕は何度も絵コンテを読み直しました。すると、自分なりのサブコピーが浮かびあがってきた。

「猫の国。それは、自分の時間を生きられないやつの行くところ。」

この言葉を糸井さんのコピーにくっつけることで、「そうか、これは一種のモラトリアム映画なんだ」と分かりました。

一方で、メインビジュアルを探す作業も難航しました。ライカリールを何度も何度も見直しました。ライカリールというのは、絵コンテをつなぎ合わせて一本のフィルムにしたものです。最初は静止画の連続ですが、絵ができあがったカットごとに動画に置き換えていき、最終的には映画の形になります。ジブリでは制作中、これを何度も見ながら、作品の仕上がりを確認していくのです。

それをこのときは早送りしたり、停めたりしながら、100回ぐらい見直しました。それでやっと見つけたのが、草むらに寝ているハルちゃんの絵でした。

21世紀に入ったというのに、景気はいっこうによくならず、どこへ向かって進めばいいのかも分からない。のちに「失われた10年」と呼ばれた時代、誰もが閉塞感を感じていました。そんなとき、主人公のハルちゃんは気持ちよさそうに野原に寝転がっている。その上には「猫になっても、いいんじゃないッ?」というコピー。これは時代に対するひとつの答えになるんじゃないかと思ったんです。

ようやく宣伝の方向性が見えてきました。

その間の僕の苦悩を間近で見ていたのが、新しくジブリの担当になった東宝の宣伝プロデューサー、伊勢伸平さんです。伊勢やんは東大卒のインテリで、たえずものごとを客観的に見る癖がありました。ともすると、評論家っぽくなってしまうんですけど、彼の視点のおかげで気づいたこともたくさんありました。

彼は僕がタイトル、コピー、ビジュアルを決めていく過程をつぶさに観察して、「おもしろいですね」と感心したように言うんです。

「これだけ猫がたくさん出てくる映画で、主人公はかわいい女子高生じゃないですか。僕ら東宝の宣伝部がポスターを作るとしたら、猫がいっぱいいる真ん中に主人公を置くと思います。この題材から、よくこんなことを考えますね。鈴木さんの仕事の秘密を見た気がします」

『魔女の宅急便』のポスターのときもそうだったんですけど、僕はいつも3点セットのバランスを考えるんです。タイトルですでに「魔女」であることも「宅急便」という仕事をしていることも伝えている。だったら、コピーとビジュアルにその要素はいらない。あとは「思春期」というテーマをどう表現するか？　そう考えて、「おちこんだりもしたけれど、私はげんきです。」というコピーと、パン屋で店番をしている絵を選んだ。

『猫の恩返し』は、タイトルに「猫」が入っているわけだから、猫の映画であることはもう分かっているわけです。きっと主人公が猫を助けて、恩返しされる話なんじゃないかとお客さんは想像している。だとしたら、コピーとビジュアルで伝えるべきは、主人公の気持ちですよね。欲をいえば、主人公の気持ちと、映画を見にくるお客さんの気分、つまり時代との接点を示したい。そう思って探しだしたのが、あのコピーと絵だったんです。

ポスターを見た人に、「自分の時間を生きるというのは、どういう意味なんだろう？」と思ってもらえれば、宣伝は成功したも同然です。

でも、そこにたどり着くまでは本当に苦労しました。

苦労したといえば、伊勢やんの心を開かせるのも大変でした。頭はいいんだけど、なかなか人と打ち解けないところがある。東宝の人に聞くと、社内でも一風変わった存在だといいます。

そこで半年ぐらいたったある日、彼の似顔絵を描いて、プロデューサー室のドアに貼ってみたんです。そしたら、彼が「似てますね」と言って、初めて笑ってくれた。それでようやく心が通い合うようになった。

いろいろ話してみると、伊勢やん自身、猫を飼っていて、日本には猫好きが2000万人はいるというんです。そういう人たちにもっとアピールしようということで、ボディコピーはかなり猫を強調しました。

「猫の国。それは時間の止まった国。日がな一日ゴロゴロ。美味しいものを一杯食べて、昼寝して、イヤなことをぜんぶ忘れて。猫の国。それは自分の時間を生きられないやつの行くところ。だけど、このまま、猫になっても、いいんじゃないッ？　十七才のハルが、猫の国を訪ねて、『猫』になろうとした物語。」

最終的な興行収入は64億6000万円。2002年の邦画ナンバーワンのヒットとなりました。伊勢やんは目を丸くしていました。

「普通にやっていたら、たぶん20億の作品ですよ。これはもうほとんど手品ですね」

でも、手品でも何でもない。僕からすれば、やるべきことを愚直にやった結果でした。

「一生に一度くらい額に汗して働け」

『猫の恩返し』では、タイアップをめぐる問題も持ち上がりました。今回の広告代理店は博報堂の番。鈴木伸子さんの時代は非常にスムースに決まっていたんですけど、藤巻さんが責任者になってからはなかなか決まらない。藤巻さんの部下の女性は本当にがんばってくれてたんですけど、肝心の本人は何もしません。

なかなかタイアップ先が決まらないことに業を煮やした奥田さんが、「いちど藤巻さんを呼んでちゃんと話しませんか」と言いだしました。そこで深夜、僕の家に集まって三人で話すことになりました。

奥田さんという人は、普段はお菓子を食べて、のほほんとしていますが、怒ると手をつけられなくなる激しい一面も持っています。

「藤巻さん、まだタイアップが決まらないってどういうことですか！　一生に一度ぐらい額に汗して働く。そういうことがあってもいいんじゃないですか」

奥田さんが詰め寄ると、藤巻さんは「えっ、俺はちゃんとやってるよ〜」といつもの調子で返します。それを聞いた奥田さんは大声で怒鳴った。

「あなたはそうやって一生へらへらしながら生きていくつもりかっ！」

それでも藤巻さんは悪びれず、「そんなに怒んないでよ～」と言っています。

結局、奥田さんの説得も効果を発揮することなく、藤巻さんは夜遊びを続ける。その一方で、宣伝を開始しなきゃいけない時期が近づいてくる。僕としても背に腹はかえられません。電通と博報堂の交代制という取り決めを破って、電通の福ちゃんに連絡しました。

「福ちゃん、今回、出資は博報堂だけど、タイアップだけは電通でやってくれない？」

「えっ……いいんですか？　そんなことしたら、藤巻さんは困らないですかね」

「そこは藤巻さんとも話し合わなきゃいけないけど、福ちゃん、やってくれるかな？」

「藤巻さんがいいなら、僕は喜んでお手伝いしますけど……」

さっそく藤巻さんを呼んで話し合うことになりました。

「藤巻さん、そういうわけで、出資は博報堂、タイアップは電通。俺としてはそういう形で行きたいんだけど、どう思う？」

普通、「ちょっと待ってください」となりますよね。でも、藤巻さんはこともなげにこう言ったんです。

「福ちゃん、よろしく頼むよ〜」

「僕は構わないですけど、そんなことして博報堂としては大丈夫なんですか？」

「大丈夫、大丈夫」

おまえにはプライドのかけらもないのか……僕はあきれかえると同時に、そんな藤巻さんの人間性がおもしろくて、受け入れている面もありました。

一方、福ちゃんは藤巻さんとは好対照で、額に汗してがんばるタイプ。さっそく以前お世話になった企業との交渉を始めてくれました。

ただ、藤巻さんというのは世渡りのうまさだけで生きてきた男です。本当に自分のポジションが危うくなりそうなときは、素早い動きを見せます。後でまわりの人に聞いて分かったことなんですけど、打ち合わせの翌日、藤巻さんは珍しく朝から出社したそうです。そして、局長にことの顛末を話した。

「そういうわけで、鈴木さんが『出資は博報堂だけど、タイアップは電通に頼む』と言っているんですよ」

局長はもちろん怒りだしました。

「なんだと？　そんなみっともない真似ができるか！　おまえはいままでいったい何を

やってたんだっ！」

そこで、藤巻さんは得意の責任回避能力を発揮。

「この件、常務には何と伝えます？」

局長は青ざめてしまいました。電通に仕事をとられたとなれば、責任を負うのは自分だからです。

「どうしよう？」。オロオロしている局長に、藤巻さんは「いまから報告に行きましょう。僕がついていってあげますよ」と恩を売る。

話を聞いた常務は、「いまからでも遅くない。俺が全社に声をかけるから、なんとかしてタイアップ先を見つけるぞ」と動きだす。それを、藤巻さんは他人事のように見ている——わけの分からない状況です。

電通、博報堂が、それぞれ企業と交渉している間、僕は海外出張に行っていたんですけど、途中で福ちゃんからメールが入りました。

「タイアップの件、決まりそうです。鈴木さんが帰国したら、すぐに最終確認をしたいので、東京駅で待っているようにします」

僕は「福ちゃんに任せてよかった」と安心して、帰国便に乗り込みました。ぶじ成田空港に着いて税関を抜けると、なんとゲートの前に藤巻さんと部下の女性が立っているじゃありませんか。

「何？　どうしたの？」と聞いたら、「常務が動いたおかげで、ハウス食品が乗り気になってくれているんですよ」と言います。

「でも、福ちゃんに頼んだじゃない。そっちも決まりそうで、じつはこのあと東京駅で会うことになっているんだけど」

「えっ、そうなんですか。じゃあ、東京駅へ着くまでに決めなきゃいけないですね」

そう言いながら、いっしょに成田エクスプレスに乗りこんできます。

どうしたものか……と僕が悩んでいる間、藤巻さんは会社と連絡を取り合っていたみたいで、ちょうど両国をすぎたあたりで、僕の席にやってきました。

「ハウス、決まりましたよ。よかったですね」

僕としては、ありがたいやら困ったやら、複雑な心境です。東京駅のプラットフォームに降りると、福ちゃんが待っていました。福ちゃんが「鈴木さん」と言いかけたところで、後ろから藤巻さんがスッと現れた。

「福ちゃん、悪いな」

福ちゃんは何のことだか分からないから、呆然としています。僕が事情を説明すると、「ええ〜っ」と頭を抱えてしまいました。僕は福ちゃんに謝る。福ちゃんも事後処理で頭を下げてまわる。藤巻さんだけは意気揚々と、また夜遊びに精を出す。

本当に無茶苦茶な話なんですけど、結果的にハウス食品とのタイアップは大成功しました。テレビＣＭはもとより、スーパーの店頭にもポップを置いて『猫の恩返し』のコーナーを作り、大々的なキャンペーンを展開してくれたのです。そして、次の『ハウルの動く城』（２００４年／宮崎駿監督）でもタイアップを続けてくれることになります。

それにしても、なぜ藤巻さんは成田で待ち構えていたのか？

あとで聞いてみたら、動いたのは部下の女性だったんですよ。「このままだと電通に持って行かれちゃいますよ。一刻も早いほうがいいから、成田で鈴木さんをつかまえましょう」。尻を叩かれて、仕方なく来たんです。一連の流れの中で、彼が実際にやった仕事は、成田エクスプレスの中から電話をかけたこと。たったそれだけです。

それでも、逆転で契約をものにしてしまった。運がいいというのか、処世術に長《た》けているというのか、つくづく不思議な男です。会社のために必死で働いて、体を壊したりする人も多い中、藤巻さんのような生き方もあっていいのかもしれません。ぜんぶとは言わないけれど、彼から学ぶべきことが、少しはあるんじゃないかという気がします。

想定外の事態に苦戦した『イノセンス』

いちど暗礁に乗り上げた『ハウルの動く城』でしたが、宮さんが監督となって制作を再開。結論からいうと、興行収入１９６億円の大ヒットとなりました。ただ、そのヒットをもたらしたのは、じつは押井守監督の『イノセンス』（２００４年）だったんです。

そもそも僕と押井さんとは、「アニメージュ」時代からの付き合いで、一時期は毎日のように会って話をする仲でした。『天使のたまご』（１９８５年）という彼のビデオ作品は徳間書店の製作で、僕も企画に加わっていました。

『イノセンス』の制作はもともとプロダクションI．Gが行っていたんですが、社長の石川光久さんから頼まれて、僕が宣伝まわりを担当することになったんです。仕事仲間と同時に友人でもあるから、頼まれれば嫌とは言えません。その後、実写の『立喰師列伝《たちぐいし》』（２００６年）では役者として出演したり、最近では『ガルム・ウォーズ』（２０１６年）の日本語版プロデュースもしました。

『イノセンス』という作品は、押井さんの名を世界に知らしめた『ＧＨＯＳＴ　ＩＮ　Ｔ

ＨＥ　ＳＨＥＬＬ／攻殻機動隊』（１９９５年）の続編です。主人公たちは、身体の大部分を機械に置き換えたサイボーグで、脳はネットと直接つながっている。つまり、身体性を失いつつある現代社会の行き着く先を描いているわけで、テーマには手応えを感じました。

これまでの押井作品は熱狂的なファンには支持されるものの、幅広い層には受け入れられなかった。でも、この作品は宣伝次第では行けるんじゃないかと思いました。

そこで僕がまず手をつけたのがタイトルです。当初の『攻殻機動隊２』という案を、『イノセンス』に変えました。表面的なストーリーは、アンドロイドの暴走事件の捜査ですが、監督が描こうとしているのは、サイボーグ＝人形の純粋性、無垢《むく》だというのが僕の解釈。『攻殻機動隊』の続編であることを謳わないほうが、むしろこの映画の本質が伝わると考えたんです。

テーマを補強するために、もうひとつ打った手が主題歌の採用でした。以前から好きだったジャズシンガー伊藤君子さんの「Ｆｏｌｌｏｗ　Ｍｅ」を使わせていただけることになりました。この曲によって、映画の世界観がより明確になったと思います。

コピーはジブリ作品同様、糸井さんにお願いして、「イノセンス　それは、いのち。」

と付けました。

製作委員会もジブリ作品と同じく、徳間書店、日本テレビ、電通、ディズニー、東宝、三菱商事が集結し、ローソンや読売新聞社も特別協力してくれることになりました。配給も松竹から東宝に切り替えました。

つまり、ほぼジブリと同じ宣伝・興行態勢を組んだわけです。これだけやれば、興行収入20億〜30億円は行ける。僕としては自信がありました。

ところが、思ってもみない事態に足をすくわれます。

２００４年３月６日の公開日、六本木の映画館には長蛇の列ができました。一見、幸先のいいスタートに見えたんですが、じつはこれが大誤算でした。供給されるスクリーンが少なすぎて行列ができていただけなのです。

なぜそんなことが起きたのか？　２００３年の暮れから続々と公開された大作が、スクリーンを占拠していたのが原因でした。具体的にいうと、『ファインディング・ニモ』『ラスト　サムライ』『ロード・オブ・ザ・リング　王の帰還』の３本です。それぞれ日本語吹き替え版、字幕版を上映すると、それだけでシネコンの６スクリーンが埋まってしまいます。それ以外の映画は残りの１スクリーンか２スクリーンで順番に上映するしかない。『イノセンス』はその枠に押し込められてしまったのです。すると、せいぜい1日1回、小さなスクリーンでしか上映されないことになる。

配給、興行面では長いあいだ東宝の天下が続いてきました。でも、このときは松竹が配給権を持っている映画が強力で、全国の映画館に対する影響力が増していた。配給会社の変更は僕の判断ミスでした。

そんな状況でも、上映期間を延ばすことで、何とか興行収入は10億に到達。押井作品としては最大のヒット作となりました。おそらく宣伝の方向性は間違っていなかったんだと思います。少なくとも、「見たい」と思うお客さんの需要を増やすことはできた。

普段は憎まれ口ばかり叩く押井さんも、このときは珍しく「これが鈴木敏夫の宣伝か」と感心してくれました。

その一方、同じ2004年の後半には『ハウル』の公開が迫っています。興行の状況がこのままでは、『ハウル』も危うい。そう思った僕は、ワーナー・マイカル・シネマズの専務取締役、生嶋洋治さんと会って、『イノセンス』が陥った窮状を説明しました。

「そういうわけで、『イノセンス』はかけてくれる映画館がぜんぜんなかったんですよ。ワーナー・マイカルさんでも、1日フルで上映してくれた劇場はほとんどなくて参りました」

生嶋さんは「そんなことが起きていたのか⁉」と驚き、「悪かった。次は必ず何とかする」と言ってくれました。系列関係からいえば、ワーナー・マイカルの映画館ではワーナー配給の作品が優先されます。でも、それを押しのけて、『ハウル』をイチオシしてくれることになった。

それだけじゃありません。もちろん、東宝も失地を回復すべく、スクリーンを押さえにかかってくれた。『ハウル』のヒットの背景には、そういう事情があったのです。

宣伝しない宣伝

『ハウル』では、宣伝チームに対して、「こんどは〝宣伝しない宣伝〟をする」と宣言しました。いままでとはまったく逆、世の中に出す情報を絞って、飢餓感に訴えようという作戦です——というと、かっこよく聞こえますけど、じつは戦略的にそうしたわけじゃなくて、そうせざるをえない状況に追い込まれていたんです。

ひとつはタイミングの問題。『イノセンス』が3月、『ハウル』が夏公開の予定でしたから、息つく暇もありません。僕自身も製作委員会のメンバーも両作品を掛け持ちしていますから、とにかく忙しかった。とくに、肝心要の東宝の宣プロ、伊勢やんが疲労困憊で使いものにならなくなっていました。彼は『イノセンス』という作品に惚れ込んで、ものすごくがんばっていたのです。その反動で、終わった瞬間にヘロヘロになってしまった。彼をはじめ、メンバーのみんなが回復するまで待つ必要がありました。

もうひとつの問題は宮さんでした。僕がホワイトボードに書き出していた宣伝のポイントやボディコピーを目にした宮さんが、「公開の前から、こんなに情報を出しちゃったら、身も蓋もないじゃないか！」と怒りだしてしまったのです。

コピーはこういうものでした。

「魔法使いたちが悪魔と契約し、自ら異形の怪物となって戦うのが、この時代の『戦争』だった。

一度、悪魔に魂を売ると、二度と人間に戻ることは出来なかったというのに。

だが、魔法使いのハウルはただひとり、戦争に背を向け、毎日を無為に生きていた。

そんな彼の前に現れたのが、魔女に呪いをかけられ、九〇歳のおばあちゃんになってしまったソフィー。

ふたりは、ハウルの居城で奇妙な共同生活を始めるが、その巨大な城は、なんと、4

本の足で歩く、人々が恐れおののく『動く城』だった……。
男と女は魔法に導かれて出会い、しだいに心を通わせてゆく。
ハウルとソフィーが不安と絶望と混迷の果てに見出した希望とは何だったのか。
天才・宮崎駿の凶暴なまでの情熱が再び、世界中に吹き荒れる！」

じつは『千と千尋』の公開後、「このヒットは大宣伝のおかげだ」という噂が宮さんの耳に入りました。そういうとき、宮さんは直接行動に出ます。スタッフを一人ひとり呼んで聞きはじめました。

「『千尋』がヒットしたのは、作品の中身がいいからか、宣伝のおかげか。どっちだと思う?」

監督本人からそう聞かれたら、誰でも「作品の中身です」と答えますよね。でも、その中でただひとり、「宣伝です」と言った怖いもの知らずがいるんです。僕の補佐をしていた石井朋彦でした。優秀なやつなんですけど、直言居士みたいなところがあって、宮さんが怒るのにもめげず、「やっぱり宣伝の力は大きかったと思います」と主張し続けたんです。宣伝の仕事を実地で体験していたから、本当にそう感じたんでしょうね。

そのことが宮さんの中では、一種のトラウマになっていたんだと思います。それでホワイトボードを見た瞬間、感情が爆発。「『ハウル』は宣伝しないでやろう、鈴木さん」と言いだしたのです。

伊勢やんたちは疲労困憊している。宮さんは怒っている。その状況を前に、今回はあまり余計なことを言わず、『ハウルの動く城』という映画を作っているということだけを、シンプルに伝えていくしかないと考えました。

最初に作った15秒のスポットは、お城が出てきて、のっしのっしと歩くだけ。コピーは「この城が動く。」。ストーリーもキャラクターも何も伝えない。哲学もなし。ところが、あに図らんや、これがけっこう評判になったんです。それを見て、僕は「これはプラスに転化できるかもしれない」と考えた。それが〝宣伝しない宣伝〟の始まりです。

もともと僕自身の中にも、情報を出しすぎることへの疑問はあったんです。これまで映画の紹介記事を載せてもらうために、あらすじやキャラクター紹介、解説をまとめた資料をマスコミ関係者に配ってきました。記者や評論家はそれをもとに記事を書くので、どうしても決まりきった内容になってしまう。

それを変えるには、情報を出さないというのもひとつの手だと思ったんです。みなさんの曇りなき眼で映画を見てもらって、感じたことをそのまま書いてもらう。そのほうが記事としてはまっとうなものになるだろうし、宣伝のためにもいいと考えました。

ところが、やってみると「資料がないと記事が書けない」と文句を言う人たちも少なからずいて、マスコミ向けの試みはあまりうまくいきませんでした。

ただ、〝宣伝しない宣伝〟そのものは、思った以上の効果を発揮します。

途中、制作の遅れで夏の予定だった公開日を11月に延期したんですけど、そのこと自体がニュースとして報道されました。宮崎駿が新作を作っている。でも、詳しい内容は分からない。公開日も延期された——そうなると、みんないろいろ想像しますよね。意図したわけじゃないんですけど、それが『ハウル』という作品の認知に一役買うんです。

その後も最低限の情報だけを淡々と伝える宣伝を続けました。4月にキャストを公表すると、「主人公は木村拓哉！」というのがニュースになった。9月、ベネチア国際映画祭にコンペ出品すると、オゼッラ賞（技術貢献賞）をもらって、そのことがまたニュースになる。

ニュースによって作品タイトルが浸透していくなか、相変わらず映画の内容は分からない。予告編を見ても、キムタクの声は流れない……そうすると、お客さんの側にも、マスコミの側にも、情報に対する飢餓感が出てきました。

東宝宣伝部には、一般の人から「初日の舞台挨拶はあるんですか？」「キムタクは来るんですか？」という問い合わせが入り、雑誌には、「ジブリはなぜ新作の情報制限をするのか」という記事が載ったりもしました。

「本当に情報を出さなくて大丈夫なのか？」と不安がる関係者もいました。でも、宣伝しないといっても、これまで同様の物量はきちんと打っています。僕は途中からこの方針に確信を持つようになりました。

11月というお客さんが最も来ない公開時期を不安視する声もありました。それに対して僕が言ったのが、「これはお正月映画なんだ」ということです。

「11月20日に公開するけれども、クリスマスまでの1カ月は有料試写会のようなもの。本当の勝負は12月から始まるんだ。だから、追告に力を入れよう」

公開前は情報を絞り、公開後は積極的に露出する。そう宣伝方針を明確にすると、みんな安心して前向きに自分の仕事に取り組むようになった。そうやって、スローガンを発して、みんなの心を落ちつかせたり、鼓舞したりするのも、プロデューサーの大切な仕事です。

内容について具体的な情報を出していったのは、最後の1週間になってからでした。試写会には各界のオピニオンリーダーやマスコミの論説委員などにも来てもらって、上映後、僕のほうから詳しい話をする機会を設けました。

公開と同時に映画館にはお客さんが殺到しました。初速の数字だけでいえば、『千と千尋』よりも高いというすさまじいことが起きたんです。

これはタラレバの話になっちゃいますけど、もし、『千と千尋』のときのように自由競争が行われていたら、同じような結果が出たんじゃないかと思います。でも、すでに興行界では自主規制の論理が働くようになっていました。

とはいえ、196億円というのはすごい数字です。関係者はみんな喜んでいました。宮さんとしても、内容で勝負してお客さんが来てくれたという満足感があった。僕は僕で、〝宣伝しない宣伝〟という新しい手法に挑戦できたことが刺激になった。お客さんは映画本編だけじゃなくて、宣伝もエンターテインメントとして楽しんでいるところがある。だったら、毎回手を替え品を替え、新しい宣伝を見せるべきだと思うんです。

原理原則は変えない。ゴールも同じ。でも、通る道は毎回変える――気がつけば、それが僕の仕事のスタイルになっていました。

「見えぬもの」と父殺し

『ゲド戦記』（2006年／宮崎吾朗監督）の監督に吾朗くんを抜擢したとき、社内外から疑問の声があがりました。初監督作で、アニメーションの現場経験もない。いくら宮崎駿の息子といっても、まともに作品を作れるのか？　当然、誰もが思うことです。何より宮崎駿が大反対しました。

そういった声を鎮めるには、まずコピーとビジュアルでインパクトのあるものを打ち出す必要がありました。

そこで、まず吾朗くんに第一弾ポスターとして、主人公のアレンと竜の絵を描かせてみることにしたんです。小さな人間が巨大な存在に対して畏敬の念を表す。この構図はいろんな絵描きが描いてきたテーマです。この絵がうまくいけば、映画もうまくいく。僕にはそんな予感がありました。

僕がアドバイスしたのは、「角度をつける」ことです。おそらく宮さんがこのシーンを描くとしたら、正面か、真横から描く。同じスタイルで描いたら、宮さんも文句をつ

宮崎駿監督が原画を描いた『ゲド戦記』第2弾ポスター
監督／宮崎吾朗　©2006 Studio Ghibli・ＮＤＨＤＭＴ

けたくなるでしょう。でも、宮さんがけっして描かない構図で描いたらどうか。案の定、絵を見た宮さんは黙ってしまいました。

それどころか、第二弾ポスターの原画を描いてくれることになりました。登場人物たちが街の高台から、飛んでいく竜を見つめているカットです。一枚の中に、作品の世界観がすべて入っているすばらしい絵でした。

親子が描いたこの二枚を並べて見た瞬間、「これで映画ができる」と確信を持ちました。

第一弾ポスターには、僕が考えた「かつて人と竜はひとつだった。」というコピー、第二弾のほうには糸井さんが考えてくれた「見えぬものこそ。」を入れました。

「見えぬもの」といえば、サン＝テグジュペリの『星の王子さま』を思い出すという人も多いんじゃないでしょうか。砂漠に降り立った王子さまは、キツネからこんなことを教えられます。

「心で見なくちゃ、ものごとはよく見えないってことさ。かんじんなことは、目に見えないんだよ」

世の中の大半の人は目に見えるモノばかりにとらわれて、あくせく生きている。でも、その背後には目に見えないもうひとつの世界があって、その中にこそ人間にとって本当に大事なものが隠れている。それに目を向けようというのが、『星の王子さま』のテーマです。それは繰り返し、いろんな作品の中で描かれてきました。

近代化を成し遂げた先進国はどこも金とモノであふれかえり、人々は過剰な消費に明け暮れている。そんなことがいつまでも続くわけはないと分かっていながらも、そこから逃れられない。とくに都市生活者は病的なまでに消費に取り憑かれている。でも、大量消費社会の終わりはもうそこまで来ている。いまこそ、「見えないもの」の価値に目を向けるべきじゃないか――それが僕の考えていたことでした。

そこで、原作の中にある言葉を使って、こんなボディコピーを書きました。

「世界の均衡《バランス》が崩れつつある。人々はせわしなく動きまわっているが目的は無く、その目に映っているものは、夢か、死か、どこか別の世界だった。人間の頭が、変《ヘン》になっている。災いの源を探る旅に出た大賢人ゲドは、心に闇を持つ少年、エンラッドの王子アレンに出会う。少年は、影に追われていた。影におびえるアレンの前に、顔に火傷の痕の残る少女テルーが現れる。いのちを大切にしない奴なんて、大嫌いだ！　宮崎吾朗第一回監督作品、この夏、人と竜はひとつになる。」

この映画のもうひとつのテーマは「父殺し」です。吾朗くんが映画を作る以上、やっぱり父殺しは避けて通れない。僕はそう考えていました。

じつは吾朗くんが最初に考えたストーリーは、アレンのお母さんが優しい人で、彼をお父さんの圧力から内緒で逃がすというものでした。でも、僕はそこで逃げたら、作品も吾朗くんもだめになると思った。だから、「父親を刺したほうがいい」と勧めたんです。

つまり、『ゲド戦記』という映画のストーリーには、現実に宮崎親子の間で起きていることと、現代社会の問題が同時に投影されていることになります。

さらに、僕はそれをそのまま宣伝の中に盛り込んでいきました。その象徴的な例が、「父さえいなければ、生きられると思った。」というコピーです。この作品では、どうしてもプロデューサーとして内容面に踏み込む場面が多くなりました。すると、必然的に内容と宣伝が分かちがたく結びつくことになる。

それがよかったのか悪かったのかは分かりません。ただ、僕の中には、繰り返し問われてきた大きなテーマに、この作品で終止符を打つことができるんじゃないかという意識がありました。そういう意味では、かなり野心的な作品だったといえるかもしれません。

ＮＨＫの影響力を思い知った「プロフェッショナル　仕事の流儀」

『もののけ姫』以来、宮さんの要求と奥田さんの陰謀によって、僕がメディアに出る機会が増えてしまいました。『ゲド戦記』では吾朗くんもがんばっているし、僕も身を売る覚悟で、NHKの「プロフェッショナル　仕事の流儀」に出演することになりました。

この番組の前身は、中島みゆきの歌とともに有名になった「プロジェクトX」。そのプロデューサーだった有吉伸人さんとは以前から知り合いで、「ジブリを取材したい」という申し出を受けていました。のらりくらりとかわしているうちに、番組が装いを変えて「プロフェッショナル」になった。スタッフも若返って、長野からやってきた荒川格くんという若いディレクターが挨拶に来ました。何となくウマがあって、いろいろ話しているうちに、彼だったらおもしろいドキュメンタリーを撮ってくれるんじゃないかと思うようになったんです。

番組が放送されると、NHK側は大喜びしていました。視聴率はあまりよくなかったんですが、視聴者の平均年齢が40代だったというんです。じつは当時、NHKの視聴者はかなり高齢化していて、平均が70代のものが多かった。ところが、ジブリを扱うことで、ありえないほどの若返りに成功したのです。

なるほど、そういうこともあるのかと感心していると、さらに映画の公開直前、公開後と何度も再放送が続き、計6回も全国に流れました。すべて足すと、視聴率は10%以上。1%＝100万人として、1000万人以上が見たことになります。この影響力は予想以上でした。

キャンペーンで全国をまわると、老若男女、ありとあらゆる人から「鈴木さん！ テレビ見ましたよ」と声をかけられるんです。戸惑いながらも、やっぱりNHKの力というのはすさまじいんだなと実感しました。

そこで、次の『崖の上のポニョ』でも、荒川くんには宮崎駿に密着してもらうことにしました。宮さんも彼のことを気に入って、いままでにない映像が撮れました。それ以降、毎回のようにNHKで密着ドキュメンタリーを制作してもらうという流れができていきます。

手嶌葵との出会いと、歌を使ったキャンペーン

もうひとつ、『ゲド戦記』で特筆すべきは、手嶌葵《てしまあおい》ちゃんとの出会いですね。デビュ

ー前にヤマハミュージックコミュニケーションズの方からデモテープを聞かせてもらったんですけど、すばらしい声を持っていて、しかも歌がうまい。一聴して、久々に現れた本物の歌手だと思いました。

デモテープの中には、ベット・ミドラーが歌った映画『ローズ』の主題歌のカバーが入っていました。僕は昔からこの歌が好きで、『おもひでぽろぽろ』では都はるみさんに「愛は花、君はその種子」（高畑勲＝日本語訳詞）として歌ってもらいました。葵ちゃんが歌う「Ｔｈｅ Ｒｏｓｅ」もすごくよかった。それで彼女に主題歌をお願いすることにしたんです。

結果的に、彼女は映画の挿入歌、「テルーの唄」でデビューし、テルーの声も担当することになります。そのデビューキャンペーンと映画の宣伝を同時に展開していくことになるんですけど、ＣＤの発売日には、タワーレコードとタイアップしてイベントを開きました。これが大盛況で、イベントの様子はテレビでも採り上げられました。

当時はまだぎりぎりＣＤが売れていた時代。ヤマハの宣伝チームがすごく力を入れてプロモーションをしたこともあって、彼女のデビューはずいぶん大きな話題になりました。映画を知ってもらう入口として、彼女の歌は大きな役割を果たしたと思います。

その一方で僕は、手嶌葵という歌手が世の中に出ていくにあたって、映画の色が付きすぎることを心配していました。アニメーションの主題歌を歌ったことで、その後のキャリアが限定されてしまったら、もったいないと思ったんです。それもあって、CDのジャケットはあまりアニメ色を出さず、シンプルなデザインにするように提案するなど、いろいろと気をつかいました。吾朗くんも彼女のことを気に入り、『コクリコ坂から』でも、また主題歌をお願いすることになります。

タイアップの決め手は三ツ矢サイダーの味⁉

『ゲド戦記』から、電通と博報堂が同時に製作委員会に入ることになりました。広告業界の常識を覆すやり方だということで、ちょっとしたニュースにもなりました。

きっかけは例によって藤巻さんでした。電通と博報堂が交代しながらやるというシステムになった結果、博報堂が宮さんの作品に当たらなくなってしまったというのです。まったくの偶然なんですけど、それまで博報堂が出資した宮さんの作品は最初の『ナウシカ』だけでした。

「このままじゃ永遠に宮崎さんの作品ができない。そんなの不公平だ」ということで、藤巻さんは電通の福ちゃんに申し入れました。

「『ゲド戦記』は電通がやっていいよ。そのかわり次の宮崎作品はうちがやるから」

本当にわがままな男です。でも、福ちゃんはいい人だから、『猫の恩返し』でひどい目に遭ったにもかかわらず、「分かりました」と受け入れようとしていた。

僕としては、それも理不尽だと思ったし、何より代わりばんこでやっていくということ自体が面倒くさくなっていました。そこで、「この際、両社でタッグを組んで、毎回いっしょにやっていこうよ」と提案。それが実現することになったという次第です。

藤巻さんにとっては、すべてが好都合でした。年賀状に『ゲド戦記』のポスターを使って、こんなことを書いてよこしました。

「藤巻の願いは一つだった。減量を龍に願う、他力本願の二〇〇六年。今年はがんばります、福ちゃんが」

その予告どおり藤巻さんは何もせず、福ちゃんががんばって、アサヒ飲料とのタイアップを決めてきてくれました。そして、専務の菊地史朗さんという方がジブリにいらっしゃることになりました。

じつは僕は子どものころから、三ツ矢サイダーが大好きだったんです。それで、何気なく「最近、味が変わりましたね」と言ったら、みなさんの顔色が変わった。どうやら、普通の消費者が気づかないレベルで、少しだけ甘味を増やしていたようなのです。菊地さんからは「いやあ、鈴木さんには参ったなあ」と言われ、すっかり意気投合。この方は後に社長になるんですけど、これがきっかけとなってアサヒ飲料は、『崖の上のポニョ』でもタイアップを続けてくれることになりました。

僕の話が影響したのか、『ゲド戦記』のときのタイアップは「アサヒ飲料」という企業ではなく、「三ツ矢サイダー」という商品に絞ってやっていくことになりました。

といっても、『ラピュタ』のときのような形に戻ったわけじゃありません。あくまで、「三ツ矢サイダーというブランドが、ジブリの最新作『ゲド戦記』を応援しています」というイメージ広告の形をとりました。このテレビスポットには手嶌葵ちゃんも出演。彼女の存在はいろんな意味で大きかったですね。

テレビスポットといえば、このときは読売新聞もCMを流してくれました。そこに僕の提案で、ゲド役の菅原文太さんに出演してもらうことになりました。

文太さんはCM撮影の現場でも迫力がありましたね。演出家が穴のあいたジーパンをはいて来たら、「あんたが監督か。何なんだ、その格好は」と怒ってしまって、慌てて僕が間に入ってとりなすという際《きわ》どい場面もありました。

ＮＨＫとの関係が始まり、ヤマハと協力して歌を前面に押し出し、電通と博報堂の相乗りも実現した。そういう意味では、『ゲド戦記』はジブリ後期の宣伝手法の雛型になった作品といえるかもしれません。

偶然から結成された「藤岡藤巻と大橋のぞみ」

『崖の上のポニョ』（２００８年／宮崎駿監督）といえば、♫ポーニョ ポーニョ ポニョさかなの子、という主題歌を思い浮かべる人が多いんじゃないでしょうか。映画がヒットした結果、歌もヒットしたと思われがちですけど、じつは逆なんです。宣伝を始めるにあたって、僕が考えたのは、まず歌をヒットさせることでした。

主題歌について相談しているとき、宮さんがこんなことを言ったんです。

「父親が娘とお風呂に入るとき、いっしょに歌えるような感じがいいんじゃない」

そこで、ちょうど子育て中だったアニメーターの近藤勝也に作詞をさせてみることにしました。すると、思った以上にいいものがあがってきた。それをもとに久石譲さんが作ってくれたメロディもすばらしかった。デモテープを聴いた瞬間、僕は「名曲だ」と思ったんです。インパクトがあって、覚えやすいし、映画の雰囲気とも合っている。「これは宣伝にも使える」と考えました。

問題は誰に歌わせるかです。久石さんもいろんなプランを持っていたし、関係者からはいろんな有名人の候補があがりました。ただ、「お父さんと娘がお風呂の中で歌う」というコンセプトを考えると、普通の人が歌うのがいいんじゃないかという気もします。

そこで、僕の頭に浮かんだのが、声優のオーディションで来ていた大橋のぞみちゃんでした。彼女に組み合わせる〝お父さん〟は誰がいいか？　ふと思いついたのが藤巻さんです。

そのころ藤巻さんは、昔の仲間の藤岡孝章さんといっしょに「藤岡藤巻」というバンドを組んで、音楽活動を再開していました。二人を組み合わせるとどうなるか、あらためてオーディションに呼んで歌ってもらうことにしました。

そのとき宮さんがオーディションを見にやってきました。

「なんで藤巻さんが歌ってるんだ！　鈴木さん、俺の映画をどうするつもりだ」と怒ったのも束の間、歌声が聴こえてくると、「あれ？　けっこういいじゃない」とまんざらでもない様子。僕としても、手応えを感じました。

それで、藤岡さんにも加わってもらって、正式に「藤岡藤巻と大橋のぞみ」として主題歌を歌ってもらうことになったんです。

偶然から始まったことなんですけど、僕にとっては一石二鳥です。第一に、この歌は宣伝の強力な武器になる。第二に、主題歌を歌うことになれば、さすがの藤巻さんも必死に働くはず。いままであの手この手で、この男に仕事をさせようとして、すべて失敗してきました。でも、今回こそは……というわけです。

2007年の年末、宮さんのアトリエ〝二馬力〟で映画の発表記者会見を開くことになって、その場で主題歌の発表も行うことになりました。そこで、「藤岡藤巻と大橋のぞみ」にも来てもらったんですけど、藤巻さんは控え室でも、相変わらずでかい態度をとっている。もともと不遜な人間が、主題歌の歌手に抜擢されたことで、さらに調子づいていたんです。

このままの態度で記者会見に出られたら、たまったものじゃない。そう考えた僕は、何とかこの男を緊張させてやろうと、一計を案じました。

「藤巻さん、おしっこ行った？」

僕が何気なく聞くと、藤巻さんは「ええ、行きましたよ」と答えます。

「でも、記者会見中に行きたくなるとまずいから、念のためもう一回行っておいたら?」

「あ、そうですね。ちょっと行ってきます」

舞台に出る直前にも、「おしっこ大丈夫?」と聞きました。

「え!? 大丈夫だと思いますけど、言われると行きたくなるなあ……」

それを繰り返すうちに、藤巻さんがだんだん緊張してくるのが分かります。こうなればしめたもの。舞台に出たときは、完全にあがっていました。それによって、普段は見せたことがない真剣な口調で話し、一所懸命歌うことになった。効き目がありすぎて、歌詞の一部を間違えていましたけど、それぐらいでちょうどよかったと思います。

記者会見は非常にいい雰囲気で終わり、控え室に戻ると、久石さんが言いました。

「俺、今日やっと分かったよ。鈴木さんがあの二人を選んだ理由が」

じつは当初、久石さんは藤岡藤巻の起用に反対していたんです。でも、藤巻さんが真剣に歌う姿を見て、ようやく納得してくれた。僕としてもほっとしました。

1万GRPをめざせ

記者会見後、さっそくCDを発売しました。初回のプレスは3万枚です。ところが、それから半年かけて売れたのは、わずか3000枚。発売元のヤマハミュージックコミュニケーションズは宣伝をしたがっていたんですが、僕が「まだ早い」とストップをかけていたんです。僕には腹案がありました。

『ラピュタ』を作っていたころ、広告代理店の人たちと付きあうようになって、こんなことを教えてもらったことがあります。

「新しい商品を世の中に出すときは、まず名前を知ってもらうのに5億円、さらに中身を知ってもらうのに5億円、あわせて10億円の宣伝費を使うものなんです」

なるほど、そういうものか。映画の宣伝にも同じことがいえるかもしれない——そう考えました。

その後、日本テレビやタイアップ企業の協力で、ジブリ映画は大量のテレビスポットを打つようになっていくわけですが、そのとき教えてもらったのが、GRP（グロス・レイティング・ポイント）という広告の効果測定法でした。視聴者がCMにどれぐらい接触したかを、到達率（どれだけの視聴者がＣＭを目にしたか）と、平均接触回数（何回そのＣＭを目にしたか）によって計算します。より分かりやすい算出方法でいうと、「視聴率×広告を打つ回数」ということになります。簡単な例をあげると、毎分視聴率１％の番組にＣＭを１本流すと、１ＧＲＰになります。視聴率の高いゴールデンタイムであれば、１回の露出で高いポイントがつくし、夜中に流す場合はポイントが低いぶん、回数を増やすということになる。

ジブリ映画のスポットを流すにあたっては、３０００ＧＲＰという数字を目標にしていました。それぐらい行けば、だいたい世間一般に認知されます。

僕が『ポニョ』の主題歌の宣伝にあたって考えていたのは、その３倍以上、１万ＧＲＰのスポットを短期に集中して流すという計画です。ひとつの歌に対して、そんな大量の広告を出した例は過去にない。１万ＧＲＰによってどんなことが起こるのか、いちど試してみたいという気持ちもありました。だから、中途半端な広告を止めていたのです。

映画の公開が迫った７月。一気に宣伝を開始しました。その効果たるや、すさまじいものがありました。

半年で３０００枚だった売り上げが、いきなり１日１万枚になったのです。映画公開直後の７月21日のオリコンデイリーチャートでは１位。週間チャートでは11週連続でトップ10に入りました。

みなさんにも当時のことを思い出してみてもらいたいんですが、おそらくポニョの歌を聴かない日はないというぐらい、いろんなところで流れるのを耳にしたんじゃないでしょうか。あれが１万ＧＲＰの威力なんです。

一方、藤岡藤巻とのんちゃんには、いろんな歌番組に出演してもらい、全国17カ所をキャンペーンでまわってもらいました。最初のうちはあんまり注目されなくて、地方のテレビ局に行っても、「映画の宣伝曲か」という感じの受け止め方だったのが、歌がヒットし始めると、手のひらを返したように対応が変わりました。最後には、ある局の社長以下全員が、会社の前に並んで出迎えるということまで起きた。行く先々でサイン攻めにあって、とくにのんちゃんはお茶の間の人気者になりました。

結果、ＣＤは50万枚、配信は４８５万件を突破。「藤岡藤巻と大橋のぞみ」はＮＨＫの紅白歌合戦にも出場することになりました。

歌のブームは、そのまま映画のヒットにもつながりました。東宝は当初、歌を使って子ども向けに宣伝することに対して不安を感じていたようですが、僕は公開後の方針切り替えを計画していました。封切りして最初の2週間はファミリー層に来てもらう。お盆前からは宣伝を切り替えて、大人に来てもらう。その作戦はうまくいき、最終的な興行収入は155億円。2008年の興行収入ランキングでは、2位にダブルスコアをつける圧倒的な結果でした。

1万GRPという数字を実現できたのは、アサヒ飲料とのタイアップのおかげでもあります。テレビスポットを作るにあたって、僕としてはBGMに歌を流すだけじゃなくて、「藤岡藤巻と大橋のぞみ」が歌っている映像も入れたいと思っていました。ところが、博報堂側が「それはできない」と言ってきた。広告会社として社員をCMに出すわけにはいかないというんですね。

そこで、僕はアサヒ飲料の担当者の関慎太郎さんという人に直接相談することにしました。二人で会って、今回の宣伝の狙いを説明したら、彼も納得してくれました。

クライアントがこちらについたことで、博報堂も折れました。ところが、できあがってきたCMを見てみると、彼らが映っているのはたった2秒なんですよ。それが博報堂として譲歩できる最大限ということだった。それでも、この歌を歌っているのは誰かということは分かる。僕としては満足でした。

歌と映画の爆発的なヒットが続いていた8月の下旬、アサヒ飲料の関さんがやってきました。そして、「今回は本当にありがとうございました」と言って深々と頭を下げるんです。

「やめてくださいよ。どうしたんですか」

「いまや日本中の人が知るようになった『藤岡藤巻と大橋のぞみ』。それをいち早くCMに起用できたのは、鈴木さんのおかげです」

「なに言ってるんですか。彼らを有名にしたのは、あなたじゃないですか」

僕がそう言うと、彼はキョトンとしていました。彼の協力がなかったら、あんな爆発的なヒットはなかった。人間っておもしろいもので、当事者は意外と自分のやったことに気づかないんですね。

一方、藤巻さんはといえば鼻高々です。結局、彼が人生で全力を出したのは、あの一瞬だけだったんじゃないかという気がしますけど、ヒットが彼のおかげなのは間違いありません。きっと僕は彼に感謝しなければいけないんでしょうね……。

ラジオの再発見

『ポニョ』の制作をしていた時期、TOKYO FMで「鈴木敏夫のジブリ汗まみれ」というラジオ番組も始めました。

きっかけは、あるラジオ番組にゲストで呼ばれたときのことです。終わったあと、服部准さんというディレクターから、「鈴木さん、ラジオのパーソナリティをやってみませんか？」と誘われました。「鈴木さんならしゃべりがうまいから、うまくいくと思うんですよ。スポンサーはディズニーさんがついてくれるそうですし」。ディズニーの永見弥映子さんもそこに来ている。

僕は「えっ⁉」と驚きつつも、瞬間的に考えました。ラジオの取材は何度も受けてきたけれど、こちらから積極的にラジオを使って何かをしたことはない。『ポニョ』の宣伝は歌が勝負。ラジオはちょうどいいかもしれない――。

とはいえ、僕としてはただ台本を読むような番組じゃつまらない。そのことを服部さんに話すと、彼はこんな提案をしてきました。

「よく喫茶店などで、隣の席の人の話がおもしろくて、つい聞き耳をたてることってあるじゃないですか。ラジオを使ってそれをやってみませんか？」

つまり、僕が仲間やゲストと好きなようにおしゃべりをする。それを録音して番組にするというのです。それなら、きっとおもしろくできる。

僕としては、もうひとつ不純な動機もありました。『ポニョ』の宣伝が本格化する中で、全国キャンペーンが始まる。でも、僕も還暦目前。全国をぐるぐるまわるのが、ちょっとしんどくなってきた。ラジオで全国に声を届けられれば、多少は楽ができるんじゃないか——。

そこで、「『ポニョ』の宣伝ができて、全国放送ならやります」という条件を出したんです。TOKYO FMがいろいろ調整してくれて、最初は東京単局の放送だったのを、全国ネットの番組にしてくれることになった。

ただ、全国でやるにはスポンサーが必要ということで、映画の宣伝でいつもお世話になっているみなさんに声をかけたところ、ディズニーに加えて、JAL、読売新聞、ローソン、アサヒ飲料も協力してくれることになりました。

番組がスタートしたのは2007年の10月。毎週日曜日の夜11時から30分の枠です。でも、初回の放送時はまだタイトルが決まってなくて、タイトル検討会議の様子をそのまま放送しました。そんな番組はこれまで聴いたことがないということで評判になりました。番組内で決まったタイトルは「鈴木敏夫のジブリ汗まみれ」。僕は昔から「汗まみれ」という言葉が好きだったんです。どんな仕事であれ、額に汗して一所懸命やる。それが僕のモットーでもあります。

これまで時代の変化に合わせて、いろんなメディアを使ってきましたけど、ラジオというのは灯台もと暗しでした。やってみて分かったのは、自由度が非常に大きいということです。テレビだと短い時間の中でスパッとコメントすることが要求されますけど、ラジオはじっくりしゃべることができる。

ラジオというと、古いメディアの代表と思われがちですけど、運転中に聴く人がいたり、お店で流れていたり、けっこういろんなところにリスナーはいるんです。あちこちで「聴いてます」と言われて、反響の大きさにびっくりしました。

当初は『ポニョ』の公開とともに終えるつもりだったんですけど、おかげさまで「続けてほしい」という声が多くて、継続することになりました。2016年の時点で、足かけ10年、400回以上も放送しています。

シネコン時代の劇場宣伝

『ポニョ』のキャンペーンで、全国の映画館をまわっていて気づいたことがありました。それまでの劇場宣伝といえば、ポスターと、〝スタンディ〟と呼ばれるボール紙で作った立体看板が中心でした。

ところが、この時期、スタンディが少なくなって、代わりに〝バナー〟というものが登場してきたんです。インターネットの世界にも長方形のバナー広告というのがありますけど、映画宣伝の場合は、劇場の壁に貼る幅数メートルの横断幕のような巨大ポスターをバナーと呼んでいました。

僕はそういうものが出始めたことを知らなかったので、同行していた伊勢やんに聞きました。

「これ、何なの？」

「バナーです」

伊勢やんはしれっと言います。

「いつから出てきたの？」

「いつからですかねぇ……」

「これ、俺たちもやらなきゃだめじゃん」

「え〜と、もう間に合いませんね」

呑気《のんき》な男です……。

というわけで、『ポニョ』では後手にまわりましたが、『借りぐらしのアリエッティ』（2010年／米林宏昌監督）では劇場宣伝をテコ入れしていくことになりました。

このころになると、全国の主要な映画館がほぼシネコンに切り替わっていました。じつはそれによって、減り続けていたスクリーン数が回復していくんです。1950〜60年代には7000を超えていた劇場は、映画産業の斜陽化とともに激減。一時期は2000館を切っていました。でも、シネコン化によって、ひとつの映画館が複数のスクリーンを持つようになり、2010年にはスクリーン数が3400まで増えていました。

シネコンは1館につき、だいたい7〜8スクリーンを持っています。そうすると、同時期に5〜10タイトルの映画を上映することになる。劇場側がそれらを等しく宣伝するかというと、そんなことはなくて、必ずその時期のイチオシというのがあります。劇場の壁はその作品のバナーで埋め尽くされることになる。

当時ヒットしていた『パイレーツ・オブ・カリビアン』シリーズは、登場人物一人ひとりのバナーを作って、それを壁一面に並べていました。そんな中でスタンディをぽつんと置いてもまったく勝負になりません。

『アリエッティ』では、「どうせ作るなら、一番大きいやつを作ってやろう」ということで、10・5×1・8メートルの巨大バナーを制作しました。庭の緑の中に、身長10センチのアリエッティが隠れている絵は、まさに「人間に見られてはいけない。」というコピーどおり。「アリエッティはどこにいるの？」ということで話題になりました。「大きすぎて貼れません……」という映画館もあったので、小さいバージョンも作り、とにかくバナーを配りまくって、劇場を〝アリエッティ一色〟に染めていく作戦に出ました。

キャラバン、キャンペーンで僕らが現場に行くと、劇場のほうでも気を遣って、そのバナーを貼ってくれます。だから、劇場宣伝では、とにかくなるべくたくさんの映画館に足を運ぶことが大切なんです。行く先々でいろんな人と握手をして、サインをして、いっしょに写真を撮る。時代とともに宣伝手法は変わりますけど、そういう〝どぶ板選挙〟みたいな地道な努力の重要性は変わりません。

予告編の復権とリピーターの時代

この時期、バナーと並んで、僕が注目したのが〝予告編〟です。

50～60年代、映画が大衆娯楽の王様だったころ、人々が何から映画の情報を得ていたかというと、予告編でした。映画館に来たお客さんは本編の前後に予告編を見て、次に見る映画を決める。翌週、その映画を見たら、予告編でまた次を決める。その繰り返しによって、映画を見ることが習慣化していたんです。

東映のヤクザ映画、東宝の無責任シリーズや社長シリーズ、大映の座頭市や眠狂四郎シリーズ……新作が毎週のように封切られていたプログラムピクチャーの時代が終わると、映画人口は減っていきました。

それとともに映画の情報を得る手段は、予告編や新聞から「ぴあ」に移ります。さらにテレビスポットの時代、インターネットの時代を経て、気がつけば時代がひとめぐりして、予告編の時代に戻っていたんです。

僕なりに分析すると、こういうことが起きていたんだと思います。

昔は映画を見るということが国民的な習慣だった。大人も子どもも、おもしろい映画がやっていると聞けば、とにかく大勢の人が映画館に詰めかけたものです。ところが、ある時期からスポーツ、演劇、音楽など、娯楽がジャンルごとに細分化し始めた。すると、映画もそういう趣味のひとつとして扱われるようになって、〝映画を見る人〟が固定化してきた。

ある意味では、みんなが何かのマニアにならないといけない時代になったのかもしれません。そうやって映画マニアになった人たちは、1年に10回も20回も映画館に通い、気に入った作品は2回も3回も見る。その一方で、一般の人は年に2～3回映画館に行けばいいほう。レンタルビデオで見るから、映画館には行かないという人もいる。

つまり、一定のリピーターだけが映画館に行く時代に入ったんだと思います。そういう人は行く映画館もほぼ決まっていて、どんな映画であれ、公開されたらそこへ見に行く。

その流れと並行して進んできたのが、洋画と邦画の観客数の逆転です。日本映画を見るやつは「暗い」と言われた時代がしばらく続いたあと、2000年代に入る前後から洋画が不振に陥り、日本映画が復活してきました。その象徴的な作品が『踊る大捜査線 THE MOVIE』（1998年）でしょう。そういった一部の新しい青春映画と、宮崎駿の作品には、幅広い層の観客が集まるようになった。でも、それ以外の作品は、おそらく固定化したリピーターが見ているんです。

2000年代以降、年間の観客数はのべ1億6000万～1億7000万人の間で推移していますが、500万～600万人ぐらいのリピーターが、何度も映画館に来ることで、その数字を支えている――というのが僕の見立てです。

じつは似た現象は、海の向こう、アメリカにおいてはとっくに起きていたんです。アメリカ映画の場合はもっと極端で、大ヒットするブロックバスタームービーは、同じ人が10回ぐらい見に行きます。それによって数億ドルという莫大な興行収入が発生するのです。最近でいえば、『アベンジャーズ』（2012年）や『アナと雪の女王』（2013年）がいい例でしょう。

ただ、アメリカのリピーターが日本と違うのは、本当に映画を見たいわけじゃなくて、友達に会うために行くということです。映画館は社交の場であり、大ヒット映画をみんなで見に行って、大騒ぎするというのが、ひとつのイベントになっている。

『スター・ウォーズ』の新作が公開されるたびに、ものすごい行列ができて、その中でみんな仮装を楽しんだり、友達や家族同士で遊んだりしていますよね。映画の公開というイベントに参加すること自体が娯楽になっているわけです。

僕自身はアメリカの手法を採り入れたつもりはないんですけど、結果的に『もののけ姫』や『千と千尋』で起きた現象というのは、アメリカ型のイベントムービーに近いものがありました。

大量の宣伝によってイベント感を醸成していくということは、意識してやっていました。でも、そこから先に起こることは、僕らにはコントロールできません。公開日に行列ができると、その様子がニュースで流れる。すると、映画マニアではない人たちも、「そんなにすごい映画なら、自分も見てみよう」という気分になる。実際に見てみると、物語は複雑で、画面の密度も高いから、一度見ただけじゃ分からない。そこで熱心な人は何回も見にいくことになる――そういう現象が起きていたんだと思います。

その是非はともかく、映画マニア、リピーターが増えたことで、何が起きたのか？ それが予告編の復権なんです。定期的に映画館に通う人たちにとっては、予告編が何よりの情報源。ある意味では、プログラムピクチャーの時代が戻ってきたわけです。

ただし、映画館がシネコン化したことで、予告編の制作にはいろんな制約が出てきました。昔は1館につき1スクリーンだから、流れる予告編もせいぜい1本か2本。尺も3分から5分の長いものが多かった。

ところが、シネコンでは同時にいろいろな作品を上映するから、〝近日上映の映画〟が常時10本ぐらいあります。当然どの映画も予告編を流したいから、1本あたりの時間はなるべく短くしなければならない。そこで「予告編の長さは1分30秒まで」という基準ができた。いろんな作品をまとめて紹介する『東宝ムービーニュース』などはもっと短くて、1作品15秒から30秒です。

でも、僕ら制作者としては、やっぱりできるだけ長い予告編を見てほしい。『もののけ姫』では4分15秒のプロモーションビデオを予告編として流しましたけど、本音をいえばそれぐらいやりたいんです。ただ、そのせいで他の映画の予告編が枠から弾き出されるという問題も起きてしまった。それについては、もうしわけないと思っています。

僕としては見せたいシーンがたくさんあるから、つい制限オーバーの長い予告編を作ってしまう。力の入った予告編だから、配給の東宝も、劇場側も、無理をしてでも流してくれようとします。その結果、他の映画会社から「不公平だ」という文句が出る。その繰り返しだったんですけど、とくに『風立ちぬ』のときは、4分もの長い予告編を他の映画の本編終了後に流して、問題になってしまいました。お客さんからも「見たばかりの映画の余韻が飛んでしまう」という苦情が出たので、本編前に流すように変えてもらいました。

その一件はともかく、映画興行の世界には、予告編の扱いひとつとっても社会主義的な側面があります。かといって、完全自由競争の市場原理主義がいいかというと、それで失われるものもある。正解は僕もいまだに分かりません。

デジタル×アナログのバランス

劇場宣伝に力を入れる一方、僕が宣伝チームに対して言っていたのは、「全情報の半分ぐらいをデジタルにしよう」ということでした。

もちろん、これまでもネットの展開はやってきたんですけど、まだアナログが中心だった。でも、世の中の動きを見ていて、その比率を半々にしなきゃだめだと感じたんです。

ポイントは半々というところです。逆にいえば、まだまだアナログもしっかりやらなきゃいけないと思っていました。

たとえば、アナログの代表が新聞です。僕はこれまで一貫して新聞広告には力を入れてきました。新聞の購読者層を見ると、中心となる世代が50代から60代、70代へと上がっていきています。そのデータを見て、「新聞広告はもうやめて、ネットに集中しよう」という広告関係者もいました。でも、僕から言わせれば、それはナンセンスです。逆の見方をすれば、年輩の人たちは新聞を情報源にしているからです。とくにジブリ映画のターゲットはオール世代。新聞を使わない手はないと思っていました。

中でも、映画の特集が組まれる朝日新聞の金曜日の夕刊は重要です。それを見て週末に見る映画を決めるという人も一定数いる。単館系の映画などは、金曜日に広告を打つと土曜日の数字が上がるという結果が、データにはっきり表れていました。だったら、まずそこに広告を出すべきですよね。

「宣伝費が少ないから新聞を削る」のではなく、「宣伝費が少ないからこそ新聞に使う」。そういう発想をすることで、結果が変わってくる映画もけっこうあるんじゃないか？ 僕はそう思っています。

「借りぐらしのアリエッティ×種田陽平展」

映画の公開に合わせて、東京都現代美術館で開いた「借りぐらしのアリエッティ×種田陽平展」も話題になりました。映画の美術監督である種田陽平さんが、小人の住む世界を現実のセットとして再現するというものです。

これまでも東京都現代美術館では、２００３年の「ジブリがいっぱい スタジオジブリ立体造型物展」を皮切りに、「ハウルの動く城・大サーカス展」「ジブリの絵職人 男鹿和雄展」など、いろんな展覧会をやってきました。だんだん内容が充実するとともに、お客さんも増え、全国の人に見てもらうために、各地の美術館、博物館を巡回して展覧会を開くという形をとるようになりました。いまでは映画制作、ジブリ美術館の運営と並んで、スタジオにとって重要な事業のひとつになっています。

ただ、「借りぐらしのアリエッティ×種田陽平展」のように大がかりなものを作るとなると、予算は普通の展覧会の倍はかかります。「本当に費用を回収できるのか？」ということで、共同で主催する日本テレビとはずいぶん議論をしました。なかなか賛同が得られないので、日本テレビの会長であり、東京都現代美術館の館長でもあった氏家齊一郎さんを呼んで、種田さん本人にプレゼンしてもらう機会を作りました。それを聞いた氏家さんが決断してくれた。

「おもしろそうだな、トシちゃん。やろう！」

あの鶴の一声がなかったら、この企画は実現しなかったと思います。

展覧会が始まり、大勢のお客さんが『アリエッティ』のセットの中で楽しんでいる様子がニュースで流れると、ますます入場者が殺到しました。展覧会と映画との相乗効果でいうと、このときが一番あった気がします。

「上を向いて歩こう。」

『コクリコ坂から』（2011年／宮崎吾朗監督）の時代設定は東京オリンピックの前年、1963年です。そのころの僕は15歳。振り返ってみると、まだまだ日本は貧しかった。けれど、これからどんどん発展していって、行く先には光り輝く未来が待っている。誰もがそう思っていました。

ところが、やってきた未来はどうだったか？　暮らしは豊かだけれど、未来が見えず、みんなが閉塞感を感じる社会です。とくに『コクリコ坂から』の企画を練っていたころは、リーマンショックに端を発する世界的な経済危機の最中でもありました。

いまとは対極的なあの時代を、若者たちの目を通して描いたら、何かが見えてくるんじゃないか？　企画・脚本を担当した宮さんとそんな話をしたのを覚えています。

「当時の社会の雰囲気を表す歌が一曲ほしいね」ということで出てきたのが、坂本九さんの「上を向いて歩こう」でした。

日本人の歌がアメリカのビルボードランキングで１位になったのは、後にも先にもこの曲だけ。そういう意味でも象徴的な歌です。

じつは以前、どうやって「上を向いて歩こう」がアメリカでヒットしていったのかを探るという映画の企画を考えていたことがありました。そのときに知ったんですけど、日本のレコード会社がアメリカで売ろうと思って乗り込んでいったわけじゃないんですよね。あるアメリカのラジオＤＪが偶然レコードを手に入れて、番組で紹介したことから火が付いていった。そのエピソードがおもしろいと思ったんです。

ある個人が作品をすごく気に入って、もっと多くの人に広めたいという一心で行動に出る。言葉や文化の壁を越えてヒット作が出るときって、必ずそういう人がいます。ジブリの作品は、いまや世界中で公開されるようになりましたけど、ここまで成功したのはディズニーの力に加えて、フランスのワイルドバンチという映画会社のおかげでもあるんです。そこのプロデューサー、ヴァンサン・マラヴァルがジブリ映画をものすごく気に入って、世界各地で熱心にセールスをしてくれた。ヒットの理由というと、とかく宣伝戦略やお金の話になりがちですけど、根本にあるのは、やっぱり個人の情熱だと思います。

そんなわけで、僕は「上を向いて歩こう」という歌には特別な思い入れがあって、以前、CD『坂本九メモリアル・ベスト』(2004年)のライナーノーツを書かせてもらったこともありました。その縁で、音楽プロデューサーの佐藤剛さんという人と知り合ったんですが、この人がやっぱり「上を向いて歩こう」に並々ならぬ関心を持っていて、名曲誕生の経緯を本にまとめてみたいという話になった。そこで、ジブリのPR誌「熱風」に連載してもらって、それを後に『上を向いて歩こう』(岩波書店)という本にまとめることになりました。

奇しくも、映画が公開される2011年は「上を向いて歩こう」が発表されてからちょうど50年の節目の年。いろんな記念企画が重なって、ちょっとしたムーブメントが起きていました。その中で、作曲者の中村八大さんのご家族からも許諾をいただけて、劇中の挿入歌として使わせてもらえることになりました。

そういう一連の経緯があったので、今回はコピーもあまり考え込むことなく、ストレートに「上を向いて歩こう。」にしたんです。

川上量生さんを〝プロデューサー見習い〟に

ドワンゴの川上量生《のぶお》さんがジブリに〝プロデューサー見習い〟としてやってきたのが、ちょうど『コクリコ坂』の制作中でした。

彼を紹介してくれたのは麻生巖さん。福岡県の飯塚市で幅広く事業をやっている株式会社麻生の社長さんです。というよりも、政治家の麻生太郎さんの甥といったほうが分かりやすいかもしれません。以前、麻生家のみなさんがジブリ美術館へ見学にいらっしゃったことがあって、それ以来、巖さんとは交流が続いていました。その彼があるとき僕に言ったんです。

「鈴木さんにどうしても紹介したい方がいるんです。ドワンゴという会社を創業した川上量生さんという人なんですけど」

話を聞いてみると、ドワンゴというのは「ニコニコ動画」を運営しているIT企業で、川上さんといえば、ネットビジネスの世界で最も注目されている経営者だといいます。巖さんは以前から川上さんと親しくしていて、ドワンゴの取締役も兼任しているということでした。

「川上さんがジブリに興味を持っていて、鈴木さんにぜひ会ってみたいと言っているんですよ」

それを聞いて、僕は正直なところ「いやだな」と思ったんです。ＩＴ企業の経営者というと、何となく一定のイメージがあるでしょう。僕とウマが合うとは到底思えない。それでも、巖さんが「一度だけでも」というので、とりあえずラジオのゲストとして来てもらうことにしました。そしたら、イメージしていた人物と正反対で、僕は驚いちゃったんです。破れたジーパン姿で入ってきて、人なつっこい笑みを浮かべながら、甲高い声で話す。虚勢を張る感じはみじんもありません。話してみると、興味の幅が広くて、言うこともおもしろい。

この人はいったい何なんだろうと思っていたら、収録中に突然、「ジブリで働かせてください」と言いだした。二重三重にびっくりしたんですけど、「この人なら」と直感が働き、僕はその場でオーケーするんです。『コクリコ坂』公開の前年、２０１０年の年末のことでした。

僕は翌日出社すると、社長の星野さんに話して、すべて用意を整えました。川上さんからも、「僕は真剣です。いつから出社すればいいでしょうか」というメールが来たので、年明け早々から働いてもらうことにしました。

問題は何をやってもらうかです。いろいろ考えたんですけど、まずは、進行中の『コクリコ坂』で僕がやっている仕事に付き合ってもらい、プロデューサー業の一部始終を見てもらうことにしました。もうひとつは、せっかくＩＴに強い川上さんに加わってもらうのだから、ネット関係で新たにできることがあれば協力してもらう。さらに、次の企画もいっしょに考えようという話をしました。肩書きは〝プロデューサー見習い〟です。

外から見ると、話題作りの一部に見えたかもしれませんけど、そういう意図はなかったんです。川上さんは真剣にジブリで働きたいと思っていたし、僕もそれに応えようと考えていました。

最初にやってもらったのは、徹底的にシナリオと絵コンテを読み込んでもらう作業です。その上でいっしょにライカリールを見る。そうすると、頭のいい人だから、即座に「この映画のテーマはこういうことですね」「このシーンの狙いはこうですね」と論理的な意見を述べます。

「とはいっても、映画は理屈で作っているわけじゃないから、これからどんどん見方が変わってきますよ」

僕がそう言うと、川上さんは怪訝な顔をします。

「でも、脚本も絵コンテも決まっているわけだから、そんなには変わらないんじゃないですか？」

ところが、新しいカットを足したライカリールを見るたびに、自分の意見がどんどん変わっていくことに彼は混乱するんです。

「あれ、おかしい。前に見たときと違う！」

彼の中で映画というものに対して持っていた固定観念がガラガラと崩れていきました。

「映画というのは、絵コンテの段階で〝ここを名シーンにしよう〟と思っていても、うまくいかないことがあるし、逆に思わぬところが名シーンになったりもする。だから、こうやって何度も見直すんですよ。最終的にどんな映画になっていくのかを、ちゃんとつかまえておかないと、宣伝もうまくいかないんです」

川上さんはもともと本はよく読んでいたものの、映画はあまり見てこなかったそうです。2～3時間映画を見るなら、本を読むほうがたくさんのことを吸収できる。そう考えていたんですね。ところが、『コクリコ坂』ができあがっていく様子を見て、衝撃を受けてしまった。その後、彼が経営者として新たな方向へ進み始めていることを見ると、このときの経験は大きかったんだろうと思います。

何年もずっとお決まりのメンバーでやってきた宣伝チームにとっても、川上さんという個性が加わったことは、すごくいい刺激になりました。彼は成功してもお金の亡者にならず、実験精神に富んでいて、いつでもおもしろいことをやりたいと考えている。彼と出会ったことで、日本テレビの奥田さんや、電通の福ちゃん、博報堂の藤巻さん、いつもの面々がまた生き生きとした顔になってきた。

同じことが、じつはドワンゴ側でも起きていたそうです。マンネリになりかけていた現場から、「ジブリと組んで、こういうことをやりたい」という企画書が山のようにあがってくるようになった。実際、川上さんのカバンは企画書でパンパンになっていました。

僕はやっぱりそうやって新しい人と出会いながら、集団でものを考えていくのが好きなんです。いろんな意見が飛びかう中で、思ってもみないアイデアが出てきて、それを実際の現場で試していく。そういうふうに仕事をしていると、みんなが自分の新しい面を発見して、人間的にもどんどん変わっていきます。その過程を見られるのも醍醐味です。そういう意味では、川上さんの登場は本当におもしろかった。ネット関係の展開もいろいろやってもらいましたけど、何より周囲の人たちを活性化させたというのが、最大の〝川上効果〟だったんじゃないかと思います。

展覧会から始まったKDDIとのタイアップ

『コクリコ坂』では、KDDI（au）がタイアップについてくれました。じつをいうと、以前からドコモやソフトバンクも含めて、携帯電話の各社からいろんな申し出を受けていたんです。でも、宮さんが携帯電話やコンピュータが嫌いだということもあって、あえて距離を置いていました。

ところが、ジブリで展覧会の担当をしている橋田真という男が、「メアリー・ブレア展」（2009年／東京都現代美術館）を企画したときに、いつの間にかKDDIの協賛を取り付けていたんです。続いて「借りぐらしのアリエッティ×種田陽平展」にも協賛していただき、おかげさまで展覧会は大成功。「ついてはぜひ映画のほうも」というお話を先方からいただくことになりました。

そこで、宮さんにもちゃんと説明をすることにしました。

「好むと好まざるとにかかわらず、やっぱりいまの宣伝はネットなしじゃ成立しません。

本気でやろうと思ったら、携帯電話の会社とも組まなければいけないと思うんです」

宮さんも納得してくれて、正式に契約を交わすことになりました。ＫＤＤＩでは専務の髙橋誠さんと雨宮俊武さんという部長が陣頭指揮をとってくれたんですが、じつはこの方たちがもともと川上さんと仲がよかった。そういう意味でも、非常にいい関係を築くことができました。

『アリエッティ』のとき、「情報の半分をデジタルにする」と宣言したものの、正直なところ、従来のチームだけではネットの世界に疎《うと》くて、対応しきれない部分がありました。だから、川上さんとＫＤＤＩという援軍が加わったことは、僕にとってはかなり心強かった。

ＰＣと携帯電話のスペシャルサイトや、ａｕの店舗での展開など、いろんなことをやってもらいましたが、これが後にスマートフォン向けの会員サービス「ジブリの森」へとつながっていきます。

ＫＤＤＩには、『風立ちぬ』以降、製作委員会にも入っていただくことになり、関係はますます深まりました。展覧会のほうでも、「館長 庵野秀明 特撮博物館 ミニチュアで見る昭和平成の技」や「フレデリック・バック展」など、毎回協賛をしていただいています。

ジブリ初のご当地映画

『コクリコ坂』では、横浜市ともタイアップしました。映画の舞台が横浜であることからお話をいただいたんですけど、最初は迷いました。それまでジブリは〝ご当地映画〟になることはなるべく避けてきたんです。理由は単純で、特定の地域だけじゃなくて、全国の人に見てもらいたいからです。

自治体が映画の宣伝とタイアップしてもいいものなんだろうかということも気になりました。それで、市長の林文子さんにお会いしたとき、率直に聞いてみたんです。

「市長自らがタイアップに乗り出したりしても大丈夫なんでしょうか?」

「鈴木さんともあろう人が、なんて古くさいことを言ってるんですか。これからは自治体もこれぐらい積極的にやらなきゃだめなんですよ」

すっかり諭されてしまいました。聞けば、この人は名立たる一流企業を渡り歩いてきたキャリアウーマンなんですね。横浜市長になる前は、BMWやフォルクスワーゲンの日本法人の社長、ダイエーの会長、日産の執行役員などを務めてきたそうで、どうりでバイタリティがあるはずです。

現場担当の貝田泰史さんというのもおもしろい人でした。市役所に入るまでは塾の先生をやっていたそうですけど、まるで昔の広告代理店マンみたいに元気なんです。次から次へと企画書を持ってきて、内容は非常におもしろいんだけど、とにかく予算がない。それを持ち前のアイデアと体力で打開しようとする。

こういう人に会うと、やっぱり何とかして協力しようという気になります。普通のタイアップだと、僕らが企業に宣伝をしてもらうという形になるんですが、このときはこちらが横浜市の活性化に協力するという感じになりました。

具体的に求められたのは、山下公園から元町、港の見える丘公園にかけてのエリアの活性化です。僕らの世代にとって、あのあたりはデートコースの定番でした。ところが、みなとみらい地区が開発されてから、そっちに人が集まって、元町界隈はちょっと寂しくなっているというんです。

そこで、スタンプラリーをやったり、ＫＤＤＩに協力してもらってソーシャルメディアを使ったキャンペーンをやったり、いろんな企画をやりました。完成披露試写会も横浜の神奈川県民ホールで開きました。かなりの人が集まって横浜市側も満足してくれたし、映画が公開されてみると、ジブリ映画としてはかつてないほどに横浜の観客動員が上がりました。お互いにとっていいタイアップになったと思います。

【東宝宣伝プロデューサーの視点③　伊勢伸平】

鈴木さんからは「なかなか心を開かなかった」と言われますが、僕が担当になったときは、もう「チーム鈴木」ができあがっていて、身の置きどころがよく分からなかったんですよ。

真ん中に鈴木さんがドーンといて、横には日本テレビの奥田さんが控えている。さらに、博報堂の藤巻さんと電通の福山さんが脇を固め、パブリシティはメイジャーが仕切っている。そのチームで数々のヒットを生みだしてきているわけで、ものすごく一体感がありました。

その完成されたチームに、僕は一人でポコッと入っていかなきゃいけなくて、途方に暮れてしまったんです。「できあがったチームの中に入ることほど大変なことはない」。中学のとき英語の参考書に出ていた例文を思いだしてしまいました。

しかも、それまで僕は、アニメーション映画の宣伝をしたことがなかったんです。最初に担当したのが、『猫の恩返し』と短編『ギブリーズepisode2』の2本立てだったんですけど、何から手をつければいいのか、さっぱり分からない。「なぜ野中晋輔さんというジブリに実在する人が、『ギブリーズ』の主人公なんだろう?」

そこからして、理解できません。鈴木さんに聞いたら、「いろいろ都合があるんだ!」の一言です。

仕方がないから、ともかく鈴木さんの一挙手一投足を観察するところからはじめました。すると、鈴木さんは、僕ら映画の宣伝マンとはまったく別の思考法で動いていることが分かってきました。

猫がいっぱい出てくる映画だから、ポスターには猫を使うのかと思ったら、ハルちゃんが寝転んでいる絵にする。意見を求められて、僕が何か言うと、鈴木さんは必ずその逆をいく。「なるほど、これがジブリの宣伝か」と感心する一方で、「これでお客さんは来るんだろうか?」という疑問もありました。

でも、『猫の恩返し』は、僕が考えていたよりも、はるかに多い観客動員を記録しました。うちの営業部は、初日から「大ヒットだよ！　40億をめざせるスタートだ」と大騒ぎです。実際、ひと夏終わってみたら、興行収入は60億円を超えていました。

そのとき僕はつくづく思ったんです。ジブリの映画というのは、僕らの想像をはるかに超えるものなんだと。それと同時に、悔しさも感じました。本来60億のポテンシャルを持つ作品に、40億の宣伝しか、かぶせられなかったからです。宣プロの仕事というのは、初日に向けて、どれだけ宣伝をかぶせられるかが勝負なのです。

鈴木さんの宣伝手法を観察していて、もうひとつ気づいたことがあります。宮崎さんはよく「企画は半径3メートル以内に転がっている」と言いますけど、鈴木さんは同じことを宣伝でやっているんです。

鈴木さんのもとには毎日2時間おきぐらいに、いろんな人がミーティングにやってきますが、そういう人たちにポスターや予告編を見せて、片っ端から感想を聞いていくんです。鈴木さんはよく「時代の気分」ということを言いますけど、たぶん、そうやって身近な人たちの話からすくい取ってきた気分を、映画の宣伝に活かしているんだと思います。

究極の〝半径3メートルの宣伝〟は、『崖の上のポニョ』ですよね。主題歌のデモテープを聴いた瞬間、衝撃を受けました。「黒ネコのタンゴ」に匹敵するようなレベルの、とてつもない名曲です。宣伝マンとしては、「これがあれば戦える」と確信しました。

「名曲ですね。誰が歌ってるんですか⁉」と聞いたら、博報堂の藤巻さんだというじゃないですか。「え〜っ！」ですよね。そんな身近なところで間に合わせるとは……。

「いままで怠けていたぶん、今回は藤巻さんに思いきり働いてもらうんだ！」と言っていましたけど、どこまで本気なのか、そのときはよく分かりませんでした。発売してしばらくCDが売れなかったときも、不安がよぎりました。

でも、最終的には鈴木さんの作戦どおり、歌も映画も大ヒット。おまけに、「藤岡藤巻と大橋のぞみ」は紅白にも出場して、僕としてはびっくりするやら、感心するやら。「藤巻さんは、これで一生胸を張って生きていくんだろうなあ」と思ったのを覚えています。

最初はできあがったチームに入るつらさを感じていた僕ですが、『猫の恩返し』から『ポニョ』まで5作品の宣プロを務め、東宝のジブリ担当としては、最多記録となりました。

ジブリの宣伝の強みって、たぶんメンバーが個人としてしっかり立っているところにあるんだと思います。「日本テレビの奥田さん」じゃなくて奥田誠治、「電通の福山さん」じゃなくて福山亮一。個々人が自分の持ち場でしっかり務めを果たす。それと同時に横でみんながつながっている。鈴木さんは映画の公開をお祭りにたとえますけど、チーム鈴木には、ほんとに文化祭の実行委員会みたいなノリがあります。

伊勢伸平（いせ しんぺい） 1965年、宮城県生まれ。1990年、東宝に入社。宣伝プロデューサーとして、『ホワイトアウト』『踊る大捜査線2』などを手がける。ジブリ作品は『猫の恩返し』から『崖の上のポニョ』まで担当する。2012年から宣伝部長に就任。

第6章　ヒットの功罪

『風立ちぬ』（2013）
『かぐや姫の物語』（2013）
『思い出のマーニー』（2014）

宮崎駿×高畑勲、25年ぶりの同時公開⁉

２０１０年代には、宣伝手法はもう出尽くした感があります。旧来のメディア、タイアップ、イベント、キャンペーン、劇場宣伝、インターネット。新陳代謝の激しいインターネットの世界では、スマホやソーシャルメディアなど、新しいものがたえず出てきます。それは適宜、採り入れるとしても、宣伝の方針が大きく変わるということはなくなってきました。

そんな中、『アリエッティ』『コクリコ坂』では若手に監督を任せていた宮さんが、いよいよ自分の監督作『風立ちぬ』（２０１３年）に取りかかる。時を同じくして、高畑さんが8年がかりで作ってきた『かぐや姫の物語』（２０１３年）も完成に近づく。

高畑さんは演出、宮さんはアニメーター。東映動画で出会った二人は、『太陽の王子ホルスの大冒険』（１９６８年／高畑勲監督）でコンビを組み、共同作業を始めました。

以降、会社を移りながら、『パンダコパンダ』（1972年／高畑勲監督）やテレビアニメ『アルプスの少女ハイジ』（1974年／演出・高畑勲）など、数々の傑作を生みだしてきました。

宮さんにとって高畑さんは師匠であり、監督として独立してからは、乗り越えるべき壁となります。ジブリで交互に作品を作るようになってからは、よきライバルとなった。高畑さんは超然としていましたけど、宮さんはいつも高畑さんのことを意識してきた。高畑さんという存在がなければ、宮さんはこれだけの作品群を生みだすことはできなかっただろうし、日本のアニメーション史はいまとはまったく違うものになっていたはずです。

その二人の、おそらく最後になるだろう作品が同時に完成する。

師弟にしてライバルでもあった二人の老監督が、同時上映で最後に火花を散らす――これは大きなニュースになるのは間違いない。僕はこれに懸けてみようと思いました。というのも、それぞれ企画の成り立ちに難しい事情を抱えていたからです。

『風立ちぬ』は、僕が宮さんに提案した企画です。宮さんは『ポニョ』が終わったあと、零戦の設計者、堀越二郎を主人公にした漫画を描きはじめました。戦争を嫌い、戦争に反対する宮さんが、一方では戦闘機や戦艦、戦車への興味を持ち続けている。会議をしているときも、気がつくといつも紙の切れ端に戦闘機の絵を描いている。この矛盾はいったい何なのか？　いちどそこに正面から向き合った映画を作るべきだと思っていたんです。

ただ、そのテーマと、お客さんが宮崎駿に求めるものとは違うということも分かっていました。お客さんが見たいのは、『ナウシカ』『ラピュタ』『もののけ姫』のような冒険活劇。あるいは、『となりのトトロ』『魔女の宅急便』『千と千尋の神隠し』のようなファンタジーです。その期待をはずして、実在の人物をモデルにした戦争と飛行機の映画を作るわけですから、何か補強してくれる宣伝材料が必要でした。

もう一方の『かぐや姫の物語』も、僕が高畑さんに提案した企画です。原作の『竹取物語』は日本最古の物語文学。「誰かがきちんとアニメーション映画にすべきだ」というのは、高畑さん自身が以前から言っていたことです。「その〝誰か〟が高畑さんじゃいけないんですか？」。僕の一言から、企画の検討が始まったのです。

ただ、『竹取物語』という題材に、いまのお客さんが興味を持つかというと、正直難しいと思っていました。誰もが何となく聞いたことがあるお話です。わざわざ映画館に足を運ばせるには、特別な動機づけが必要。でも、長い企画検討の間、何度考えても、その答えは見つかりませんでした。

でも、僕は今回、それでいいと考えていたんです。

なぜなら、長年ジブリを支援し続けてくれた日本テレビの氏家齊一郎会長が、「最後にもう一本、高畑さんの映画を見たい」とおっしゃったからです。極端にいえば、一般のお客さんよりも、氏家さんに見てもらうために作ろうと思った。

高畑さんへの感謝の意味もありました。高畑さんには映画作りのイロハを教えてもらって以来、ずっとお世話になってきました。年齢を考えると、おそらく今回が最後の監督作になる。いくらお金と時間がかかろうとも、とにかく納得するまでとことん作り込んでもらって、完成したときに公開すればいい。最後にそういう作品が一作ぐらいあってもいいと思ったんです。

ところが、2012年になって、『かぐや姫の物語』を任せていたプロデューサーの西村義明から、2013年の6月には完成しそうだという報告が入ります。

そこで僕は一瞬、夢を見た。

2012年暮れ、東宝の新作ラインナップ発表会の席上で、『風立ちぬ』と『かぐや姫の物語』の同時上映を公表します。

「宮崎駿×高畑勲、来夏同時公開!!」

「25年ぶりジブリの両雄そろい踏み」

「ジブリ来夏　巨匠対決！」

各紙が大きな見出しでニュースにしました。

メディアが話題にしただけじゃありません。宮さんも奮い立ったし、製作委員会のメンバーも目の色が変わった。

ただ、高畑さんだけは違いました。僕が同時上映の件を話しに行くと、高畑さんはおもしろくなさそうに言います。

「それを宣伝材料にして煽るんですか」

「でも、興行を考えると、それが『かぐや姫』にとっても、『風立ちぬ』にとっても、いちばんいいと思うんですよ」

僕がそう言うと、高畑さんは黙ってしまいました。やりたいなら、勝手にやればいい――僕はそう受け止めました。

ユーミンへの公開オファー

同じころ、『魔女の宅急便』のブルーレイ発売と、松任谷由実さんのデビュー40周年記念のベストアルバム『日本の恋と、ユーミンと。』の発売を記念して、彼女と僕とでトークショーをするという企画が持ちあがっていました。

当日に備えて、車の中でアルバムを聴き返していたときのことです。懐かしい気分に浸っていると、彼女のファーストアルバムの中の一曲、「ひこうき雲」が流れてきました。その歌詞を聴いて、僕はびっくりするんです。

空に憧れた〝あの子〟の話、しかも若くして亡くなり、ひこうき雲となって、空をかけていく──『風立ちぬ』のヒロイン、菜穂子そのものなんですよ。

制作を始めるとき、宮さんからは「主題歌はなし」と言われていました。気分としてはそうだろうなと思っていたから、僕もそのつもりでいました。

ただ、「ひこうき雲」を聴いた瞬間、迷いが生じてしまった。何回も聴き直すと、これはぜったいに使うべきだと思えてくる。そこで、トークショーの前日に宮さんに話すことにしました。

「宮さん、ちょっと冷静にこれを聴いてみてもらえませんか」

「ひこうき雲」を流すと、宮さんも僕とまったく同じ反応をしました。

「なにこれ、主題歌じゃない」

「そうなんですよ」

当日、本番の前後に、ユーミンと二人で話そうと思っていたんですけど、スケジュールが詰まっていて、まったく時間がとれなかった。そこで思いきって、トークショーの最中にオファーしてみたんです。

「じつは、いま僕らが作っている映画があるんですけど、これに『ひこうき雲』を使えないか。そんなことを思っているんですよ」

そうしたら、彼女も「光栄なお話です」と喜んでくれて、その場でオーケーしてくれたんです。そして、それが翌日いろんなところでニュースになった。

あとでユーミンと話したら、「トークショー自体、鈴木さんが話題作りのために仕組んだんじゃないですか」と疑っていましたけど、そうじゃないんです。トークショーの話が持ちあがったから、この歌にあらためてめぐり逢った。そういう意味ではほんとに偶然なんです。でも、そのおかげで、同時上映と並ぶ、もうひとつの宣伝の核が見つかりました。

時代に追いつかれて

もうひとつ大きな柱になったのが「生きねば。」というコピーです。ジブリの映画では、たびたび「生きる」という言葉をコピーに使ってきました。それはおそらくこの30年が、「生きるとは何か」を何度も問い直さざるをえない時代だったからでしょう。

「4歳と14歳で、生きようと思った。」（『火垂るの墓』）
「生きろ。」（『もののけ姫』）
「〝生きる力〟を呼び醒ませ！」（『千と千尋の神隠し』）
「父さえいなければ、生きられると思った。」（『ゲド戦記』）
「生まれてきてよかった。」（『崖の上のポニョ』）

同じ「生きる」でも、作品のテーマと時代の変化に応じて、微妙に表現が変わってきています。

制作が始まってまもなく、ちょうど宮さんが関東大震災のシーンの絵コンテを描きあげた翌日、東日本大震災が起きました。続けて原発事故が発生。東京から逃げ出す人もいたし、スーパーで買い占めが起き、計画停電もありました。混乱の中で思ったのは、二郎や菜穂子も同じような世相の中で生きていたんじゃないかということです。

彼らは何を思っていたのか？　そして、我々はこの時代をどう生きればいいのか？　そんなことを考えていたときに思い出したのが、漫画版『風の谷のナウシカ』の最終巻、最後のコマに書かれた「生きねば……」という言葉でした。寄るべなき時代には、これぐらい強い言葉が必要だと思ったんです。ポスターに使った「生きねば。」の文字は、僕が自ら筆をとりました。

ボディコピーは、宮さんの原作にある文章を引用しながら作りました。

「かつて、日本で戦争があった。大正から昭和へ、1920年代の日本は、不景気と貧乏、病気、そして大震災と、まことに生きるのに辛い時代だった。そして、日本は戦争へ突入していった。当時の若者たちは、そんな時代をどう生きたのか？　イタリアのカプローニへの時空を超えた尊敬と友情、後に神話と化した零戦の誕生、薄幸の少女菜穂子との出会いと別れ。この映画は、実在の人物、堀越二郎の半生を描く――。」

あの時代と、現在の日本には、不気味なほどの共通点がある。そこに訴えかければ、いまの若者との接点ができるはず。そう考えたのです。

ところが、世の中の動きは僕の予想以上だった。時代のほうが僕らの作っている映画に追いついてきたんです。

２０１２年12月、『風立ちぬ』の制作発表会見の直後に、第2次安倍内閣が発足。政権の姿勢も、社会の空気も、次第に右傾化していきます。憲法改正についてもたびたび言及されるようになりました。

２０１３年5月3日、憲法記念日にあわせ、中日新聞が「『われら』の憲法」という特集を組むというので、取材を受けることになりました。

僕としては、「憲法について語るなんて偉そうなことはできませんよ」と断ろうとしたんですけど、知り合いの記者を通じて「どうしても」と頼まれてしまった。事情を聞いたら、「いろんな人に打診したものの、みんな二の足を踏んでいる」というんです。そこまで政権の顔色をうかがわなければならない雰囲気になっているのか――それが僕にはショックでした。

最終的には、何人か出るうちの一人だということもあって、引き受けることにしました。

「日本が世界にアピールするとしたら、九条ですよね。これだけの平和は、九条がなければあり得なかったわけですから。僕はあってよかったって立場だし、たぶん宮さんもそうなんじゃないかと思います」

『風立ちぬ』の内容とからめて、そんなことを話しました。

ところが、当日の紙面を見たら、なんと出ているのは僕ひとり。しかも、見出しには大きく「9条 世界に伝えよう」「『改憲』政治家の独りよがり」と出ている。びっくりすると同時に、参ったなと思いました。いい記事だったんですが、印象としては、ジブリのプロデューサーが大々的に政治的な発言を始めたと見られる可能性もあります。しかも、その記事は中日新聞だけでなく、東京新聞にも転載されました。それを見て心配する人が出てきた。

とくに過敏に反応したのが、日本テレビの奥田さんです。

「鈴木さん、危険だから、ひとりで外を歩かないようにしたほうがいいですよ」と真顔で言います。僕としては、「いくらなんでも、そこまでは」と思ったんですけど、宮さんまでもが心配し始めた。

「奥田さんは気にしすぎだと思うけど、万が一ということもある。鈴木さんひとりを犠牲にするわけにはいかない。俺も9条について発言するから、刺されるときはいっしょに刺されよう」

それで、「熱風」でも憲法特集を組むことになりました。高畑さんと宮さんに加えて、児童文学作家の中川李枝子さんも寄稿してくださいました。この特集がまた評判になり、いろんなメディアに引用されることになります。

じつはその騒動の前に、こんなこともありました。

ダライ・ラマ14世が来日して講演するということで、花束の贈呈役を頼まれたのです。「なんで僕が?」と思ったんですけど、聞いてみると、いろんな人に声をかけたものの、すべて断られたといいます。

ダライ・ラマといえば、中国の支配に反発し、長く亡命生活を続けているチベット民族の指導者です。身辺はたえず危険にさらされていて、日本のマスコミも対応や報道に関してはかなりナーバスになっていました。

「花束贈呈のときには写真撮影もあって、それは関係当局すべてに行き渡ることになりますよ」

そんな忠告をしてくれる人もいました。でも、歓迎のために花束を渡すだけでマークされるなんて常軌を逸している。僕は構わず引き受けることにしました。

憲法の問題にしても、ダライ・ラマの一件にしても、いろんな人が二の足を踏んだ結果、僕のところにお鉢がまわってきたわけです。本当にそこまで発言や行動に気をつけなければいけない世の中になっているんだろうか？　だとしたら、『風立ちぬ』という映画を現代に訴える意味が出てくる――。

僕としては、企画段階でそこまで考えていたわけじゃありません。宮さんの中にある戦争に対するわだかまり。それに向き合ってもらうというのが第一の目的。いまの世の中にもの申すつもりはなかった。

ところが、震災をきっかけに世相が一変し、時代が『風立ちぬ』という映画に追いついてきてしまった。こんなことを映画の宣伝に使うのは、僕も嫌だったんです。でも実際、映画にはそれが追い風となった。

その後の流れを振り返ると、怖ろしいほどあの時代に似てきていますよね。安倍政権は集団的自衛権の解釈を変え、強引に安全保障関連法を成立させてしまった。憲法改正も「私の在任中にめざしていく」と明言する。そんな時代が来るとは思ってもみなかった。

それまで僕の中には、いつも時代の半歩先を行っている感覚があったんです。でも、このときばかりは時代に追いつかれ、追い越された感覚がありました。

宣伝手法の総決算

2作品の宣伝における最大の誤算は、2013年に入って、『かぐや姫』の制作が遅れだしたことです。西村の計算どおりには進まず、結果、『かぐや姫』の公開は秋まで遅らせることになりました。その時点で僕の目論見は崩れ去りました。

それでも、『風立ちぬ』に関しては、それを埋めてくれる援軍が次々と現れました。ひとつはユーミンの「ひこうき雲」、もうひとつは庵野秀明の登場です。

庵野と宮さんの関係は『ナウシカ』にまで遡ります。『ナウシカ』の制作が佳境に入っていたころ、庵野が描きためた絵を持って、宮さんのところへ売り込みにやってきました。その絵を見て、宮さんは巨神兵のシーンを彼に任せることにします。その後、アニメーター、演出家として経験を積み、庵野は「新世紀エヴァンゲリオン」で一世を風靡することになるわけですが、二人の間にはずっと師匠と弟子という意識がある。

主人公、二郎の声を誰にするか、キャスティングが難航していたとき、僕はふと彼のことを思い出し、「庵野はどうですか」と言ってみたんです。最初は冗談と思って笑っていた宮さんも、次第に「あるかもな」と真剣になり、本当に声優をやってもらうことになりました。

それが予想以上の話題になり、取材が殺到することになった。とくに宣伝のことを考えて提案したわけじゃなく、まったくの偶然です。結果的に、庵野はいろんなインタビューを受け、ＫＤＤＩのスポットにも出演し、宣伝面でも大車輪の活躍をしてくれることになりました。

いまから振り返ると、やっぱりどこかで宮さんの集大成の作品になるという予感が、まわりの人たちにもあったのかもしれません。気がつけば、この映画に関わるべき人たちが自然に引き寄せられるように集まっていました。

これまで培ってきた宣伝手法は、総決算のつもりですべて投入しました。

東宝の配給宣伝、製作委員会各社による広告展開。ＫＤＤＩのタイアップ。いつものようにローソンや読売新聞も協力してくれます。ネットは川上さんとＫＤＤＩが中心になって、いろいろな企画を仕掛け、ａｕでは会員サイト「ジブリの森」を立ち上げました。

ＮＨＫでは荒川くんが再び宮さんを追いかけてドキュメンタリーを撮影する一方、

「仕事ハッケン伝」という番組で、オリエンタルラジオの中田敦彦さんがプロデューサー見習い体験をするという企画もやりました。彼には山ほどコピーを書いてもらって、「風が立つ、夢を追う、生きるということ。」というサブコピーを採用しました。

出版では文藝春秋と組んで、『文春ジブリ文庫』というシリーズを立ち上げました。過去のジブリ映画の制作過程や作品分析を一作ごとにまとめていくという企画です。

同時公開という最大の宣伝ができなくなったことで、それを埋めようとみんなが必死になってくれました。そのおかげで、当初考えていたよりも、高いレベルに到達したんじゃないかと思います。映画の内容を考えると、120億円という興行収入は、望外の結果でした。

目的のためには手段を選ぶ

こうして僕らがやってきた宣伝手法を振り返ると、「目的のためには手段を選ばない」ように見えるかもしれません。でも、僕は選んできたつもりなんです。やっちゃいけないと思ったことは、けっしてやらなかった。

たとえば、「宮崎駿の引退」というニュースもそのひとつです。この作品での引退を心に決めていた宮さんは、6月に映画が完成すると、すぐに「記者会見をしたい」と言いだしました。会見を開けば、確かに話題にはなるでしょう。でも、映画の内容そのものよりも、引退というニュースだけが一人歩きしてしまう。それはけっして映画のためにならない。だから、宮さんを説得して、夏休みの興行が一段落する9月まで会見は待ってもらうことにしました。

『となりの山田くん』で、高畑さんから「コピーを変えてほしい」と言われたときも従ったし、『ハウル』で、宮さんから「宣伝をするな」と言われたときも、基本的にはその意を汲みました。

なぜなら、ジブリの目的はヒットを量産することでも、お金を儲けることでもないからです。きれいごとを言うつもりはありません。お金を稼ぐことは大事です。そのためにアイデアを練り努力もしました。でも、それは映画を作り続けるためです。その順番だけは間違えないように、30年間ずっと注意してきました。

ただ、『かぐや姫の物語』については悩みました。

企画の成り立ちからして非常に特殊な作品です。制作期間は決めない。できあがったら公開する——商業映画ではありえないことです。でも、僕としてはそういう形で高畑さんに報いたかったし、それによってどんな作品ができあがるのか、楽しみでもあった。これまで支えてきてくれた出資者たちも、その気持ちは理解してくれていたと思います。

とはいえ、結果的にかけた歳月は8年間。制作費は50億円にものぼっていました。日本のアニメーション史上最高額、実写を含めても破格の数字です。いくら採算度外視といっても、同時上映の可能性が出てきたときには、お金のことが頭をよぎりました。でも、その夢も露と消え、公開は11月になってしまいました。お客さんが最も集まらない時期です。『ハウル』では、例外的にそれを覆したものの、あのときのような好条件は期待できない。

それでも、やれるだけのことは精一杯やってみよう。そんな気持ちで宣伝に取り組み始めました。

「姫の犯した罪と罰。」をめぐる葛藤

『かぐや姫』のプロデューサー、西村義明は28歳のときに担当になり、36歳まで延々とこの作品に向き合ってきました。彼はその間に結婚し、子どもまでもうけた。もはやライフワークのようなものです。

「せっかくここまでやってきたんだから、宣伝も自分でやってみなよ」

僕はそう勧めたんですが、彼のほうから「僕にはまだ宣伝は分かりません。いままでどおり鈴木さんが中心になってやってください。僕はそれを手伝います」と言ってきた。それで二人でやっていくことになるんですが、最初に問題になったのがコピーです。西村が作った案がいくつかあったものの、どうもピンと来ない。そこで、僕は高畑さんの書いた企画書を読み直してみることにしました。そのとき気になったのが以下のくだりです。

「姫は、地上の思い出によって女を苦しめた罪を問われる。そして罰として、姫は地球におろされることになる」

その瞬間、「罪と罰」という言葉が浮かびました。『罪と罰』といえば、ドストエフスキーの小説が有名ですが、文学でも映画でも繰り返し問われてきた普遍的なテーマです。これを活かせないものか……と考えたときに出てきたのが、「姫の犯した」というフレーズでした。「姫の犯した罪と罰。」ならテーマも感じられるし、言葉のインパクトもある。

西村に聞くと、彼も「いいですね」と賛成してくれた。さっそく、桜を見て喜ぶかぐや姫のビジュアルと合わせて、高畑さんに見せに行きました。ところが、それを見た途端、高畑さんの顔色が変わった。

「このコピーは、僕が作ろうとしている映画を邪魔することになります」

「でも、高畑さんの企画書の中にあった言葉を使ったんですよ」

「それをテーマにしようとしたのは確かですけど、残念ながら、うまくいかなかったんです。いま作っている作品の内容とは違います」

宣伝は作品の邪魔をしてはならない——高畑さんが繰り返し言ってきた大原則です。監督にそう言われたら、どうしようもありません。僕は引き下がることにしました。

かといって、他に妙案があるわけでもない。試しにいろんな人に見せてみたところ、評判は上々でした。

「〝罪と罰〟と言われると、昔話とはぜんぜん違う話なんじゃないかという期待が湧きますね」

そう言ってくれる人もいました。

このコピーで売っていけば、現代のお客さんにも興味を持ってもらえるかもしれない。かといって、高畑さんにもういちど相談するなら、別の案も持っていかなきゃいけない。

そこで、『山田くん』のときと同じようにパロディのような案も考えました。

高畑さんにあらためて両案を見せたところ、案の定、後から作ったほうが内容に即していると言います。でも、僕はそこでちょっと反論しました。

「ただ、このコピーは関係者から評判があまりよくないんです。やっぱり、前の〝罪と罰〟を押す意見のほうが多い。僕としては困っているんですよ」

すると、高畑さんはむっつりして「じゃあ、勝手にやってください」と言います。納得はしてくれなかったものの、とりあえずは認めてくれた。僕も西村もホッと一安心です。〝罪と罰〟でポスターや予告編などを作り始めました。

でも、そこは高畑さん。一筋縄ではいきません。制作を進めながら、事あるごとにその話を持ちだすんです。

――最近の映画というのは、宣伝と内容が以前よりも深く関係するようになっている。観客が映画を見る前に、宣伝コピーを見てしまう以上、本編もそれを無視できない。

それが高畑さんの考えでした。つまり、「姫の犯した罪と罰。」というコピーに対して、作品のほうが応えるべきだというんです。そして、実際にシナリオをいじり始めました。

もちろん、作品が完成に近づいている段階ですから、大幅に変えることはできません。

それでも、高畑さんは部分的に台詞を変えることで、それを実現していくんです。

これには僕も脱帽しました。僕は、宣伝というのはお客さんに映画館へ来てもらうための道具だと思っています。映画に興味を持ってもらうきっかけになれば、それでいい。でも、じつはそれがものすごく難しい。そういう意味では、「たかが宣伝、されど宣伝」。それが僕の実感です。

ところが、高畑さんはそうは考えない。宣伝と本編に矛盾が出ないように徹底的にこだわる。宣伝を変えられないなら、本編を変える。そこまでやるのが高畑さんという人なんです。

『かぐや姫』10の宣伝ポイント

紆余曲折をへながら、何とかコピーまではたどり着いた。あとはどれだけの物量を展開できるかの勝負です。宣伝チームのメンバーが目標を共有できるように、僕は「ひと目でわかる『かぐや姫』10の宣伝ポイント＋α」というリストを書きだして配りました。

・『かぐや姫の物語　プロローグ～序章』ブルーレイ＋ＤＶＤ１００万セット配布！

（協賛パナソニック＋ＫＤＤＩ）

・『風立ちぬ』を追い風に　劇場で１０００万人が見た〝疾走する姫〟予告

・アイフルホーム特別協賛ＣＭ３０００ＧＲＰ！

・ａｕスマートパス「ジブリの森」と、ＬＩＮＥスタンプのダウンロード累計１５００万！

・前代未聞の書店店頭展開！　徳間＋角川→２０００店、日販→８００店、計２８００店

・10万人＋α　戦後最大の映画試写会実施！　ＴＯＨＯシネマズ、イオンシネマｅｔｃ

・『夢と狂気の王国』（※ジブリを追ったドキュメンタリー映画）を『かぐや姫』公開の１週間前に先行上映！　プロデューサー／川上量生、監督／砂田麻美

・イオンシネマのロビーでジブリ大会。①宮崎駿幻のデビュー作『ユキの太陽』上映。②6分間の「プロローグ」特別上映。③「アルプスの少女ハイジ展」

・鈴木プロデューサー大活躍！　歴代最多のテレビ出演。ＮＨＫ＋民放合計視聴率、目指せ１００％！

・朝倉あき＋二階堂和美の全国くまなくキャンペーン！　札幌、名古屋、大阪、福岡
etc
・特別協力　読売新聞&ローソン

というわけで、『風立ちぬ』同様、総力戦の態勢をとりました。

ちなみに、アイフルホームのタイアップを取り付けてきたのは、なんとあの藤巻さんです。最後に奇跡の働きを見せてくれました。

LINEのスタンプは、キャラクターの絵を描き下ろさなきゃいけないということで、僕が「トトロとコダマ」の絵を何十パターンも描きました。これが700万ぐらいのダウンロード数を記録したということで、続いて「カオナシ」や「かぐやちゃん」も作りました。

僕自身も身を売るしかないと思って、バラエティー番組にいろいろ出演しました。あくまで映画の宣伝のためにやったことなんですけど、いちど出たら、そのあと何回もオファーが来る。日テレの人に、「なんで僕のところにそんな話が来るんだろう？」と聞いたら、「いまテレビは新鮮味のあるコメンテーターがいなくて困ってるんです。鈴木

さんは狙われちゃったんですよ」と教えてくれました。

自分自身が広告塔になってみたものの、これは結局、失敗だったと思います。バラエティー番組に出ても、映画について話せる時間はほんの少し。印象に残るのは『かぐや姫』じゃなくて、話している僕自身のキャラクターなんです。映画の宣伝になっているかといったら怪しいものです。

効果のほどはともかく、全方位外交で、ありとあらゆる宣伝を打ちました。

その結果、興行収入は24億7000万円。微妙な数字です。

あれだけ大量の宣伝を打ったからこそ、あげられた数字であることは間違いありません。並の宣伝だったらもっと低い数字だったはずです。

ただ、高畑さんの最大のヒット作『平成狸合戦ぽんぽこ』は、配給収入26億3000万円。興行収入に直すと44億7000万円ですから、それには及ばなかったことになる。もし同時上映ができていたら、それをはるかに超える結果が出たでしょう。制作費の回収も可能だったと思います。

でも、僕自身としては、覚悟の上でやったことだし、予測通りの結果なので、ショックはありませんでした。

客足が伸びなかった要因はいろいろ考えられますけど、やっぱり企画自体に難しさがあったんだと思います。

いまなぜ『竹取物語』を映画にするのか？　そこに現代との格闘はあるのか？　そこをしっかり詰めきれなかった。それは企画者である僕の責任です。宣伝を始めるにあたって、あらためてその問題を意識し、〝罪と罰〟というコピーによって、現代との接点を作ろうとしました。一定の効果はあったと思いますが、作品と宣伝が一体になるところまでは到達できなかった。

やっぱり映画というのは企画が大事なんです。「なぜいまこの作品を作るのか」。その理由があやふやだと、あとからどれだけ宣伝しても結果にはつながらない。逆にそこさえしっかりしていれば、映画というのはヒットするんです。

もうひとつの問題は、内容がやや高尚だったことです。『かぐや姫』と聞くと、普通は小さい子ども向けの作品だと思いますよね。でも、この映画はファミリー向けに作っていません。実際、この映画を見た子どもたちは、5人の貴公子たちが求婚に現れるあたりで飽きてしまうケースが多かった。そのギャップは最後まで拭い切れませんでした。

一方で、この作品をものすごく好きになって、何回も見に行ったという大人もいます。

媼《おうな》役を演じた宮本信子さんは、「この作品は日本の宝」とまで言ってくれました。おそらく、『山田くん』同様、歴史に残る作品であることは間違いない。そういう意味では、当初の目的は達せられたと思っています。氏家さんの生前に完成させられなかったことだけが唯一の心残りですが……。

“作られたヒット”を望まない監督

高畑さんが作品を作り、それを世に出すべく僕が宣伝をする。その関係が本格的に始まったのは、『おもひでぽろぽろ』のときからです。映画が関係者も驚くほどのヒットを記録したあと、高畑さんは言いました。

「こういう映画がヒットするというのはどうなんでしょうか。いくらなんでも当たりすぎでしょう。何かがおかしいと思いますよ」

怒っているわけでも、嫌みを言っているわけでもありません。高畑さんとしてもヒットがうれしくないわけじゃない。ただ、違和感が残る。そう言っていました。

次の『平成狸合戦ぽんぽこ』は、当時の日本映画としては押しも押されもせぬ大ヒット作となりました。あのときは、高畑さんの中にも、「多くの人に見てもらおう」という意識があったんじゃないかと思います。高畑さんには、「高尚な映画を作る監督」というイメージがあるかもしれません。でも、じつはとことん観客を楽しませるエンターテインメント作品を作らせても一流なんです。その能力を自覚的に発揮した作品が『ぽんぽこ』だった。

プロデューサーと映画監督の関係というのは、たえず緊張感をはらんでいるものですが、それが大きくなってきたのが『山田くん』でした。

宣伝によって意図的にムーブメントを作りだし、その流れに乗って映画をヒットさせる——必要に迫られてやってきたことですけど、僕はその手法をどんどん発展させて、『もののけ姫』で行き着くところまで行ってしまった。高畑さんはそれに対して、大きな抵抗を感じた。だから、『山田くん』では、コピーひとつに対してもきわめて慎重になっていたんだと思います。

高畑さんは〝作られたヒット〟を望まない監督です。本当にその映画を理解してくれる人だけが、心から楽しんで見てくれる。それぐらいの状態が心地いいんだと思います。その気持ちは僕にもよく分かります。だから、『かぐや姫』の宣伝で僕が抵抗したのはコピーだけです。それ以外は、すべて高畑さんの気持ちを汲みながらやっていたつもりです。

『かぐや姫』の興行が一段落した2014年の3月、僕は爆笑問題の太田光さんと田中裕二さんがやっているラジオにゲストで呼ばれました。太田さんは以前から高畑作品のファンで、『かぐや姫』の公開時には高畑さんと対談もしています。ラジオの放送中、僕は太田さんにこう聞かれました。

太田　鈴木さん自身はどうですか。『かぐや姫』と『風立ちぬ』、どっちが名作ですか?

鈴木　難しいことを聞きますねえ。

太田　はっきりしてもらわないと。

鈴木　あらためて思ったことは、宮崎駿はエンターテイナー、高畑勲はアーティストですね。

太田　いや、それじゃ答えになってない。

田中　でも鈴木さんの立場だと言えないでしょう。

太田　両方兼ね備えての作品ですから。

鈴木　どちらがどうというのは二人が死ぬまで言えないでしょうねえ。いろいろ言われ

砂田麻美監督によるジブリのドキュメンタリー『夢と狂気の王国』
左から宮崎駿監督、著者、高畑勲監督　©2013 dwango

メインビジュアルレイアウト：宮崎 駿　Photo by Nicolas Guérin
画：吉田 昇　©Studio Ghibli　タイトルロゴデザイン：goen°

てますけど、やっぱり二人は似てますよね。何が似てるかっていうと、人に負けたくない。

田中　負けず嫌い。

鈴木　だから、人間的には最低ですよ。あの二人と付きあったおかげで、僕という人間はどんどん人間的に成長していった。自分ではそう思ってるんですよ。なんで俺ってこんなに立派になったのかなあって。

最後のくだりは冗談ですけど、高畑さんと宮さんはやっぱり似ています。と同時に、お互い相手とは違うものを作ろうとがんばることで、進化してきた。だから、本人たちは認めなくても、やっぱりライバルなんだと思います。

同時公開の話が出たとき、宮さんは打ち震えて、ものすごく燃えました。それによって『風立ちぬ』という作品には力強さが出た。そうやって監督に発奮材料を与えるのも、プロデューサーの仕事です。

言葉を投げかけ、環境を提供することで、監督やスタッフの心はどう動くか。作品はどういう方向に進んでいくか。僕はいつもそれを考えて行動してきました。僕がやってきたのはある種の〝実験〟だったのかもしれません。

宣伝も同じです。前の作品の経験から仮説を立て、次の作品でそれがうまくいくかどうかを試す。大いなる実験ですよね。

もしかしたら、他のプロデューサーとは動機が違うのかもしれません。多くのプロデューサーは、とにかく映画が当たることをいつも祈っています。でも、僕がたえず考えていたのは、高畑さんや宮さんがいい映画を作れる環境を整えることです。繰り返し言っているように、作るのが第一義で、ヒットするかどうかは二義的な問題。

ヒットしてうれしいと思ったことも、当たらなくて悔しいと思ったこともありません。結果については、いつもどこか他人事に感じていました。そういう意味では、僕の経験談というのは成功談でもなければ、失敗談でもない。あんまりドラマティックじゃないんですよね。

僕がおもしろかったのは、映画を作ったり、宣伝する過程でいろんな人と出会えたことです。みんなで映画という神輿を担ぐことが楽しかった。そうやって一所懸命やっていると、ある段階で映画と時代が共振し始め、大きなうねりが生じる瞬間がある。その体験には醍醐味を感じました。

思うようにいかなかった『思い出のマーニー』の宣伝

『思い出のマーニー』（2014年／米林宏昌監督）は、ジブリが制作した劇場公開作品としては23作目。そして、いまのところ最後の作品となっています。

僕はもともとジョーン・G・ロビンソンが書いた原作が大好きで、監督の米林宏昌に企画を提案したのも僕でした。一方、宮さんが引退し、監督が世代交代するなら、プロデューサーも代わるべきだという考えもありました。

そこで、シナリオ第一稿までは僕が関わって道筋をつけ、その後は、『かぐや姫』の制作を終えた西村にバトンタッチすることにしたんです。

その後、基本的には彼が中心になって進めていったものの、やっぱり宣伝だけは自信がないようで、「もうすこし勉強したい」と言ってきました。そこで、再び僕が宣伝に乗りだすことになります。

でも、『猫の恩返し』と同様、途中参加の難しさを痛感することになりました。すでに映画は、企画時のイメージとは違うものになっていたからです。「この作品は何なのか」という核心が、なかなかつかめない。

プロデューサー室のスタッフの意見を聞きながら、いろんなコピーを考えました。そこから出てきたのが、「あなたのことが大すき。」という言葉です。でも、それだけじゃもの足りない。

そこで、作家の三浦しをんさんにもコピーを作ってもらうことにしたんです。じつはそのころ、彼女の小説を原作にした『WOOD JOB！～神去なあなあ日常～』という映画が公開されたんですが、そのプロデュースを藤巻さんがやっていたんです。その関係で「ジブリ汗まみれ」のゲストに彼女を呼ぶことになった。話してみると、彼女は子どものころからジブリ映画のファンだったといいます。

「次の『マーニー』という作品は、女性にアピールしたいんですよ。ついてはコピーをお願いできませんか」

思いきって打診したところ、快諾してくれました。忙しいなか何本もコピー案を送ってくれたんですが、とくにいいなと思ったのがこの一本。

「あの入江で、わたしはあなたを待っている。永久に――。」

さすがの出来ばえでした。

そうやってコピーを工夫しながらも、それだけでは埋めきれないギャップが、映画と時代との間に出てきている——そんなことを感じたのも事実です。

たとえば、当時、アメリカではＹｏｕＴｕｂｅなどの動画サイトを使ったインタラクティブな広告が流行っていました。

これまでの宣伝手法は、作り手が受け手に対して、「こういう映画です」と伝えるものがほとんどでした。ところが、２０１０年代に入ると、ＵＧＣ（ユーザー・ジェネレイテッド・コンテンツ）といって、いわゆる素人が作るコンテンツが出てきました。めざとい企業はその流れをいち早く広報宣伝活動に採り入れていたし、映画でもディズニーの『アナと雪の女王』は、ＹｏｕＴｕｂｅを活用した宣伝をしていました。僕はそれを見て感心したんです。

画像や映像、音楽素材をユーザーに提供して、ウェブ上で好きにコンテンツ作りを楽しんでもらう。できたものは動画サイトにアップして、誰でも見られるようにしておく。そういうコンテンツには広告臭がないので、ソーシャルメディアで自然に拡散していきます。

つまり、作り手と受け手という区分けをなくすということです。ひとつの作品に対し、いろんな人が参加して、二次創作的なコンテンツを作ったり、見たりして楽しむ。気がつけば、ユーザー一人ひとりが宣伝マンという時代になっていたんです。

僕は若いスタッフに、「『マーニー』でもそれをやろう」と言っていたんですけど、結局だれも乗ってこなかった。映画好きの人間ほど、プロの作品を一方通行で受け取ることに慣れすぎていて、保守的なのかもしれません。

でも、コミュニケーションというのは本来、双方向性のもの。デジタルだろうが、アナログだろうが、やりとりがあるほうがおもしろいに決まっています。

そもそも、宣伝や広告というのは、時代の風を感じ、いま人々が何に興味を持っているのかをつかむ作業です。新しい流行を見つけたら、パッとつかまなきゃいけない。雑誌を作っていたせいか、僕は昔からそういうのが得意だったんです。

若手からそういう人間が出てくれば……と思っていたんですけど、なかなかうまくいきませんでした。

ヒットの小ぶり化と、大衆消費社会の終焉

そうやって映像の世界で、動画サイトやUGCが流行るのと反比例するように、映画のヒットの規模が小さくなってきました。

ウェブの中に映像があふれかえり、人々の興味が細分化されることで、大作を映画館の大きなスクリーンで見たいという欲求が減ってきたからだと思います。

もちろん、「スター・ウォーズ」シリーズのようにイベント化した映画には、いまでも大勢の観客が集まります。そういう映画では、僕らがやってきたのと同じように大量の広告が展開される。それでも、日本では興行収入で100億円を超えるのが精一杯になっています。

一本一本の上映期間が短くなっていることも影響しています。数年前までは夏休みいっぱい上映していたような映画でも、最近は封切りから2週間で終わるケースが増えています。小ぶりの映画を短いサイクルでどんどんまわす傾向になっているんです。

数字で見ると、はっきりします。『もののけ姫』がヒットした1997年は、映画の公開本数が611本で、のべ入場者数は1億4072万人、全体の興行収入は1772億円でした。それが2015年には、1136本、1億6663万人、2171億円になっています。入場者数と売り上げはそれほど伸びていないのに、本数だけが倍増しているんです。

高畑勲や宮崎駿のような天才が、多くの人手と予算、長い制作期間をかけて作る大作を、大規模な宣伝で世の中に出していく。待ちかねたお客さんたちが映画館に詰めかけて、行列を作る。そういう大衆消費の時代が終わりかけている。いや、もう終わったんだと思います。

その昔、アートというのは一部の王侯貴族しか楽しめないものでした。大金持ちがパトロンとなり、芸術家に作品を作らせてきた。それを誰もが楽しめるようにしたのが20世紀の大衆消費社会の仕組みです。

中でも、フィルムという形でいくらでも複製が可能な映画は、至るところで同時に興行を打てるという特徴があった。そのおかげで、観客一人あたりの料金を非常に安くすることができた。安ければ、さらに人は集まります。そうやって映画は大衆娯楽の王様になっていきました。ところが、テレビというただのメディアによって、その地位を奪われ、インターネットの登場によって駄目を押されることになった。

こういう時代に、莫大な予算をかけ、クオリティの高い作品を作ることは、製作者にとってものすごいリスクになります。だから、細分化し、小ぶりな作品が多くなっていく。音楽もそうだし、出版もそうです。あらゆる大衆娯楽から大作や〝国民的なヒット〟が出なくなりました。

映画界に限ってみれば、大衆消費社会はずいぶん前に終わっていたのかもしれません。でも、時代がデジタル化する過渡期だったことや、さまざまな幸運に恵まれて、23本もの作品を作り、観客2350万人、興行収入304億円というとてつもないヒット作を生みだすこともできた。

でも、時代は変わりました。

ジブリはもともと宮崎駿の作品を作るために立ち上げたスタジオです。宮崎駿の引退によって、役割を終えるということは自然な流れといえます。でも、米林宏昌や宮崎吾朗という若い監督も出てきた。彼らが作る場を残したいという気持ちもありました。

僕としては、『マーニー』を作りながら、もうすこし成り行きを見てみようと思ったんです。ただ、正直なところ『アリエッティ』のような数字をあげることは難しいと考えていました。結果は、『アリエッティ』の92億5000万円に対し、『マーニー』は35億3000万円。時代状況を考えれば悪い数字じゃありません。むしろ健闘したといっていい。

とはいえ、これまでのジブリのやり方で映画を作ることはもうできないことも明らかになりました。そこで、ジブリは制作部門を閉じ、劇場用長編の制作をひとまず休むことにしたのです。

新しい時代の風

では、ジブリは二度と新作は作らないのか？

そんなことはありません。じつはかれこれ10年かけて、フランスのワイルドバンチと共同製作してきた作品があります。監督は、『Father and Daughter』（２０００年。日本版タイトルは『岸辺のふたり』）でアカデミー賞短編アニメーション賞を受賞したマイケル・デュドク・ドゥ・ヴィット。『Father and Daughter』を見て、彼とならおもしろい作品を作れるかもしれないと思ったんです。彼のほうも、ジブリの作品と高畑勲という監督に興味を持っていました。

制作が決まると、彼は日本にやってきて、スタジオジブリの近くに住みはじめました。シナリオと絵コンテを作りながら、高畑さんにアドバイスを求めたのです。そのあとはフランスを拠点に作画作業を続けてきました。

ようやく今年（２０１６年）、その作品『レッドタートル　ある島の物語』が完成しました。秋には日本で公開することになっています。みんなが「ジブリはこれからどうするんだろう？」と思っているところに、「フランスからジブリ映画がやってくる」。ケレンがあって、おもしろいと思いませんか？

宮さんも健在です。最初は監督から引退すると言っていたのが、引退会見の直前には「長編からの引退」に変わっていました。やっぱりアニメーション作りからは離れられない人なんだと思います。

しばらくはおとなしく漫画を描いていたんですが、去年からジブリ美術館で上映する短編の制作に取りかかりました。以前、いちど企画して頓挫した『毛虫のボロ』という作品です。一匹の毛虫が一本の街路樹から別の街路樹に移動する。人間の目から見ると、大したことはない出来事でも、毛虫の目線から見ると、その過程は波瀾万丈の冒険に満ちている。それを丹念に描くという作品です。

僕はこの作品を作るにあたって、またひとつ実験をしてみることにしました。宮さんにこう言ってみたんです。

「いままでどおり普通に作るのは、宮さんとしてもおもしろくないでしょう。３ＤＣＧに挑戦してみるというのはどうですか？」

その〝燃料〟によって、宮さんは再び燃えあがりました。慣れ親しんだ鉛筆と紙を、スタイラスペンとタブレットに持ち替え、３ＤＣＧ世代の若いスタッフと日々奮闘を続けています。

75歳の挑戦はどういう結果になるか？　そのあと、宮さんはどこへ向かうのか？　それは分かりません。

いまこの瞬間、いろんな作り手が時代と闘っています。まったく新しい映画が作れないかとチャレンジしている若い作家もいます。

新しい時代には新しい時代のやり方がある。明日は明日の風が吹く。次の大風をつかまえるのは、いったい誰でしょうか？

あとがき

1

2016年5月、カンヌ国際映画祭に初めて参加した。マイケル・デュドク・ドゥ・ヴィット監督の『レッドタートル　ある島の物語』を携えて。思えば長い道のりだった。マイケルに長編映画を作ってみないかと呼び掛けたのが2006年秋のこと。それまでマイケルは短編の名手だった。

たった8分間の作品でひとりの女性の人生を見事に描き切った「Father and Daughter」。この映画を見て、僕はマイケルの長編が見たくなった。ジブリが手伝ってくれるなら——それがマイケルの条件だった。僕は早速、高畑（勲）さんに話を持ち掛け、了解を得た。

一方で僕はフランスの映画会社ワイルドバンチのプロデューサー、ヴァンサン・マラヴァルにも声を掛けた。シナリオ作りはともかく、現場はヨーロッパになる。だとしたら、ジブリと30年の付き合いのあるヴァンサンに相談するのがベスト。東京恵比寿で「Father and Daughter」を見てくれたヴァンサンも作品を気に入り、その場で協力を快諾してくれた。準備は進む。しかし、脚本の決定には時間を要した。

どういう映画を作るのか？　マイケルの提案は、無人島に流れ着いたひとりの男の物語だった。世界にゴマンとある、いわゆるロビンソン・クルーソーものだが、マイケルが作れば格別のモノが出来そうだと僕は確信した。夢が膨らんだ。

高畑さんとの実際のやり取りが始まった。しかし、コミュニケーションが難しい。日本とマイケルの住むイギリスは遠かった。電子機器の進歩を使ってもおたがいの考えが交わらない。いまでもイギリスは地球の裏側なのだ。そこでマイケルに提案する。シナリオ作りを日本でやってみないか？

元々日本が好きだったマイケルは二つ返事で来日した。ジブリの近くにアパートを借りて、毎日のように高畑さんと顔を突き合わせての打ち合わせが始まった。マイケルは、高畑さんとの議論を元に自分の考えをまとめて行く。1カ月という予定がまたたく間に過ぎた。こうしてシナリオと絵コンテ作りは捗り、マイケルも長編映画の作り方を習得して行った。

結局、マイケルに依頼した時から数えるとほぼ10年の歳月をかけて映画は完成した。予想外に時間が掛かったのが資金調達と契約だった。完全主義者のマイケルなので、スタッフの描いた絵をこれじゃダメだと言って、マイケルが「ぼくひとりで作る」と言い出すことが一番の心配だったが、それは杞憂に終わった。実制作は足掛け3年。マイケルは理性で自分をコントロールし、見事に長編アニメーション映画の監督をやってのけた。なにしろ62歳の長編処女作である。短編作家として長年のキャリアを持つマイケルが頑固で独善的になっても不思議ではなかった。だが彼は理性的な監督だった。

映画の完成後、カンヌ国際映画祭から声が掛かった。「ある視点」部門へのノミネートだ。アニメーション映画がこの部門に選ばれることは非常に珍しいらしい。関係者一同に異存はない。こうして、僕たちスタッフも海を渡ることになって、今回、ジブリとして初めてカンヌ国際映画祭に参加した。

2

ベネチア、ベルリンと並んで世界の三大映画祭のひとつとして有名なカンヌ国際映画祭にジブリはこれまで縁がなかった。映画祭の事務局からは何度も参加を要請されたが、物理的に無理だった。ひとえに時期の問題だ。映画祭は5月の開催。ジブリの映画は夏の公開が定番だったので、5月に映画が完成していることはありえなかった。

現地でさまざまな記者の質問を受けた。一番困ったのがカンヌそのものの感想だった。素直に言えば、熱海に似ている。海岸沿いにずらりホテルが居並ぶし、浜辺も熱海に似ていた。そういえば僕が何度も訪ねたベネチアは浅草に似ていた。寺院に川にゴンドラ、そして仲見世通りよろしく店が並ぶ。しかし、記者の誰もそんな感想は求めていない。ジブリが初めてカンヌへやって来た感動を言葉にすることを求められた。

適当にお茶を濁していると、今度は、マイケルとジブリのコラボレーションに関する質問だ。この『レッドタートル　ある島の物語』を皮切りに、ジブリはヨーロッパの監督とアニメーション映画を作り始めるのか。記者たちみんなが同じ質問を繰り返した。

この質問に、正直に言うと、僕はうんざりした。僕の尊敬してきたヨーロッパの記者たちは、もっと時代に敏感だったはずだ。何をいまさらトボけたことを言っているのか？　いろんな国の人が集まってひとつのものを作る。それは映画に限らない。世界は、とっくにそうなっているじゃないか。

ひとりだけ気に入った記者がいた。マイケルとの共同インタビューだったので、ちょうどいい機会だろうと、作家の池澤夏樹さんの意見を思い出しながら少し長めに説明した。現代は移民と難民の時代だ。新しい国へ行って、その土地で獲得した言語で文学を書く。そういう作家の書いたものの中に非常に新しく面白いものがあるし、そこにこそ現代のテーマが潜んでいる。かつて、日本でも世界文学全集というものがあったが、それはもはや現代では成り立たない。それこそフランス文学、ドイツ文学、ロシア文学などと分かれていたけれども、いまやそんな区分は流行らないし、意味もおよそ薄れてしまった（池澤さん、うろ覚えなので間違っていたらスミマセン）。小説は国境を越えたし、映画だって、そういう時代が始まっている。それはアニメーションに限らない。実写でも同じこと。現に僕は、宮崎駿の長男吾朗くんにタイで映画を作るのはどうかと提案している。園子温監督の次回作はアメリカで撮る。だから今回のコラボレーションごときでガタガタ騒いではしゃぐ記者たちを見て僕はガッカリした。

そういえば、監督のマイケルはオランダで生まれ、本人に言わせると森の中で育ち、スイスで勉強して、スペインでアニメーターになったらしい。その後、ディズニーの仕事をするためにアメリカの西海岸へも出掛けたし、その後はイギリスに居を構え、短編作りに精を出し、その間を縫って日本にもやって来た。そして今回はフランスにいる。池澤夏樹さんも北海道の帯広で生まれ、上京したあと、一転ギリシャに渡って生活していた。その後は沖縄で10年、パリの近郊フォンテーヌブローで5年暮らし、現在は札幌在住だ。そんなふうに考えていくと、思い出す先達がいる。ポール・ゴーギャンだ。彼はフランスで生まれて、家族とペルーへ亡命した。水夫や株式仲買人になって世界を巡ったのち、パリで画家を目指した。やがてブルターニュで前近代の面白さに取り憑かれ、タヒチへ旅立つ。2年後パリへ戻ってタヒチを題材にした絵を発表していくが、まるで評価されず、再びタヒチへ帰る。以後二度とヨーロッパの土を踏むことはなかった。

この3人に共通するのは、いわゆる定住者ではないことだ。『男はつらいよ』の寅さんとは違う。寅さんには帰る故郷、柴又があるが、この3人にはそれがない。

カンヌでの取材の合間に、マイケルへ質問してみた。いくつの言語を話すのか？　彼はキチンと答えてくれた。オランダ語、フランス語、英語、そして、スペイン語とドイツ語は少しだけ。この話、もっとしたかったのに、つぎのインタビュアーが来てしまった。

3

谷川俊太郎さんにも『レッドタートル　ある島の物語』を見てもらい、一編の詩を書いて貰った。すばらしい作品だった。

水平線を背に何ひとつ持たず
荒れ狂う波に逆らって
生まれたての赤ん坊のように
男が海からあがってくる

どこなのか　ここは
いつなのか　いまは
どこから来たのか

どこへ行くのか　いのちは？

空と海の永遠に連なる
暦では計れない時
世界は言葉では答えない
もうひとつのいのちで答える

この詩を読んで思い出したゴーギャンの絵がある。「我々はどこから来たのか　我々は何者か　我々はどこへ行くのか」と題された、ゴーギャンがタヒチへ戻ってから最晩年に描いた大作だ。僕は迷うことなく、谷川さんの詩の一節を映画のコピーにさせて頂いた。

どこから来たのか
どこへ行くのか　いのちは？

そして池澤さんにはパンフレットのために解説を書いてもらった。マイケル、ゴーギャン、池澤さんの3人は揃って「定住者ではない」と書いたが、もうひとつ共通しているのは、彼らの作品に「いのち」を生みだす女性への深い畏敬の念があることだ。

そのことに気づいたとき、この映画の宣伝の方向性が見えてきた。複雑化し続ける現代社会では、新たな形の女性差別が増えている。恋愛や結婚、家庭生活や職場において、女性が被害者になる事件は後を絶たない。『レッドタートル　ある島の物語』は、そんな時代に対するひとつの答えになるんじゃないか？

僕にとって、こういう具合に作品のテーマを読み解き、時代に即した映画の売り方を考える作業は、いつだって冒険の旅のようなものだ。

『レッドタートル　ある島の物語』は歴代のジブリ作品と比べるとかなりアート色が強いため、スクリーン数は150と控えめだが、東宝は粒よりのいい映画館を用意してくれた。この映画を通して、新しいヒットの形を作れないか、そんなことも考えている。

＊

この原稿は、カンヌからの帰国の途、機内で書いている。じつは、この本のゲラは行きの機内で読んだ。いろんな感慨もあったが、その後の忙しさで吹き飛んでしまった。ま、いいや、振り返ることは元来好きじゃない。そんなことより、関係者へのお礼を述べたい。

この本は、あとがきだけは自分で書いているが、本文は僕が書いたんじゃない。書いたのは柳橋閑さんだ。僕が喋って彼が書く。彼と知り合ったのは、文春ジブリ文庫だった。作品ごとに、作品にまつわる話をして彼が書いてくれた。いまとなっては、柳橋さんは僕以上に僕のことを熟知している。さらに、いつだって質問が的確でポイントを外さない。僕が勝手に書いていたらこうはならない。インタビュアーの存在価値はそこにある。彼の質問が刺激的だったことで僕は記憶が蘇り、そして、新たな発見があった。

きっかけは、去年の夏に名古屋で開催した「ジブリの大博覧会」だ。主たる展示物は、宣伝関係のものだった。映画を公開する前に、お客さんの目にまず触れるのは、ポスター、チラシ、新聞広告、パブリシティのためのグッズ、劇場に展示したバナーなどなどの宣材物のはず。だとしたら、ジブリ全作品の宣材物を見て貰うのは意味がある。お客さんにとって楽しいに違いない。そう考えた。しかも、整然と並べるんじゃなく、あえて雑然と並べる。言ってみれば、お客さんの頭の中にある雑然をそのまま丸ごと展示してみようと考えた。

だから、大事なのは数だった。ああ、アレが無いね、お客さんにそう言われたら、それだけで失敗だ。結果、集めた宣材物は2000点余に及んだ。その企画に合わせ、僕は柳橋さんの取材を10回受けた。1回2時間で2作品。計20時間の内容を柳橋さんが要領よくかつ面白い物語としてまとめてくれた。

やはり柳橋さんが取材した矢部勝、市川南、伊勢伸平。この3人は、いずれも東宝の優秀な宣伝マンだった。彼らの努力なしで、ジブリの興行的成功を語ることは出来ない。3人の後を引き継いでくれたのが上田美和子と高橋亜希人。それ以外にも、僕がこの本の中で触れることが出来なかった「ジブリの仲間たち」がゴマンといる。この場を借りて感謝したい。

そして、ジブリの田居因《たいゆかり》さん。彼女との付き合いは40年に及ぶ。いつもありがとう。

この人がいないと僕の本は出版されない。新潮社の中瀬ゆかりさんと楠瀬啓之さん。このあとがきが最後の原稿ですね。発売に間に合わなかったらゴメンナサイ。

最後に、『レッドタートル　ある島の物語』はカンヌで「ある視点」部門特別賞を受賞した。映像と音のポエジーに溢れる、この映画自体が特別なものだというのが審査員の評だった。

鈴木敏夫

『レッドタートル　ある島の物語』は2016年９月17日公開

各章扉クレジット一覧

第１章

『風の谷のナウシカ』前売り券用特典ポスター

監督／宮崎 駿　©1984 Studio Ghibli・H ※制作／トップクラフト

第２章

『おもひでぽろぽろ』第１弾ポスター

監督／高畑 勲　©1991 岡本 螢・刀根夕子・Studio Ghibli・N H

第３章

『もののけ姫』第１弾ポスター

監督／宮崎 駿　©1997 Studio Ghibli・N D

第４章

『千と千尋の神隠し』第２弾ポスター

監督／宮崎 駿　©2001 Studio Ghibli・N D D T M

第５章

『ゲド戦記』第１弾ポスター

監督／宮崎吾朗　©2006 Studio Ghibli・N D H D M T

第６章

『風立ちぬ』第２弾ポスター

監督／宮崎 駿　©2013 Studio Ghibli・N D H D M T K

鈴木敏夫　1948(昭和23)年愛知県生まれ。慶應大学文学部卒。編集者を経て映画プロデューサー。スタジオジブリ代表取締役。著書に『映画道楽』『仕事道楽』『ジブリの哲学』『風に吹かれて』など。

Ⓢ新潮新書

674

ジブリの仲間《なかま》たち

著　者　鈴木敏夫《すずきとしお》

2016年6月20日　発行
2016年7月5日　3刷

発行者　佐　藤　隆　信

発行所　株式会社新潮社

〒162-8711　東京都新宿区矢来町71番地
編集部(03)3266-5430　読者係(03)3266-5111
http://www.shinchosha.co.jp

印刷所　錦明印刷株式会社

製本所　錦明印刷株式会社

ISBN978-4-10-610674-3　C0274